故事里的
国学经典
10

王封臣－编著

故事里的《韩非子》

U0146729

中国大百科全书出版社

图书在版编目（CIP）数据

故事里的《韩非子》 / 王封臣编著. —北京：中国大百科全书出版社，2023.4

ISBN 978-7-5202-0925-0

Ⅰ.①故… Ⅱ.①王… Ⅲ.①法家②《韩非子》—通俗读物 Ⅳ.①B226.5-49

中国版本图书馆CIP数据核字（2021）第026715号

出 版 人　刘祚臣
策　　划　刘　嘉
责任编辑　陈　光
责任印制　邹景峰
插　　画　杨东佳
封面设计　今亮后声 HOPESOUND pankouyugu@163.com ·王秋萍　万　聪
出版发行　中国大百科全书出版社
地　　址　北京阜成门北大街 17 号
邮　　编　100037
网　　址　http://www.ecph.com.cn
印　　刷　北京汇瑞嘉合文化发展有限公司
开　　本　880 毫米 ×1230 毫米　1/32
字　　数　119 千字
印　　张　6
版　　次　2023 年 4 月第 1 版
印　　次　2023 年 4 月第 1 次印刷
定　　价　48.00 元

本书如有印装质量问题，请与出版社联系调换　电话：010-88390677

目录

杜蒉扬觯

不知而言不智，知而不言不忠。

　　春秋时期晋国的卿大夫智悼子死了，但是没有下葬，棺椁仍在灵堂停放。智悼子是晋国的卿大夫、智氏家族的首领，位高权重，他突然去世虽然不比国君去世来得震撼，但在当时也是一件很重要的事情。

　　但是，当时晋国国君是晋平公，这一天还喝起酒来了，还找了两个大臣，一个叫师旷，一个叫李调。师旷不姓师，他是乐师叫旷，然后大家称之为"师旷"。晋平公把这两个人叫来，陪自己喝酒。既然师旷来了，在喝酒当中免不了敲钟击鼓，奏乐助兴，君臣之间喝得这个美，听着音乐，蹦嚓嚓蹦嚓嚓，那年代是"蹦嚓嚓"吗？反正是这个意思吧，挺高兴的。一边听音乐一边饮美酒，这是多么惬意的事儿啊。

　　正这个时候，"噔噔噔……"由打外面走进一人来。晋平公一看，谁呀？是自己的宰夫，叫杜蒉。"宰夫"是干吗的？相当于当时的厨师。他怎么来了，因为晋平公在这里设宴喝酒，他是厨师，他当然要做菜了，但是听到了编钟声响，他就把手中的活儿给放下了。来到外面就问旁人："国君现在何处？"有人说了："国君在寝宫。""好！"这杜蒉"噔噔噔……"，迈大步就来到寝宫，拾级而上，一看晋平公跟师旷、李调正在那里喝得起劲呢。杜蒉一个箭步来到近前，伸手就抓来一只酒觯（ zhì，一种盛酒器皿），然后倒了一觯酒，一下子就杵到师旷面前了："请师旷干了这杯！"

师旷一听，这杜蒉语气不对，要自己喝酒。这要干什么？喝完酒揍我？那喝就喝呗，当着国君面，我就不相信你还敢揍我？我喝！"咕咚"一扬脖，这一觯酒喝下去了。

杜蒉又把这酒觯给倒满了，往李调面前一伸："你干了这杯。"

李调一看，还有我的事儿，那干就干呗，师旷都喝了。"咕咚！"这觯酒又喝完了。

然后，杜蒉又倒满了一觯酒，二话不说一屁股就坐在了晋平公对面，面对着晋平公一扬脖，"咕咚"把这一觯酒干了，把觯往旁边一蹾，起身拍拍屁股，转身走人了。

"回来，回来，回来。"晋平公看傻了，干吗呢，犯什么神经呢？敬了两杯酒，自己喝一杯转身要走。"过来，过来，过来。"把这杜蒉叫来了，"杜蒉，你这行动莫名其妙，我刚才心里就琢

磨，你是不是有什么话要开导我呀？但是你也不跟我说话，你罚师旷喝酒，这是为什么呀？"

这个时候，杜蒉才说："国君，您是知道的，按照礼制，子日和卯日是不能够演奏乐曲的。为什么呢？因为据说夏朝的桀王，逃到山西安义县，在乙卯日死亡了。商朝的纣王在甲子日自刎，也烧死了。后代君主引以为戒，所以以子卯日为疾日，这两天不能够演奏乐曲。子日、卯日都不能演奏乐曲，何况现在卿大夫智悼子的灵柩还停在堂上没有安葬呢，还在丧期呢，这事儿跟子卯日相比，可比子卯日大多了。这师旷是掌管乐礼的，他是太师，他居然不告诉您这个道理，所以微臣要罚他喝酒。"

晋平公点点头："好，你罚师旷有道理，但为什么你也罚李调喝酒呢？"

"李调是君主身边的近臣，就为了今天的一点吃喝，居然忘了君主的忌讳，所以他没有尽到臣子的本分，因此要罚他喝酒。"

"那这两个人都有毛病，你罚他就罚他了，那你自己为什么还罚自己喝酒呢？"

"我杜蒉就是一个厨师，按理说我应该掌管锅碗瓢盆，把这饭菜做美了，做好吃了，这是我的职责，可是我扔下我应尽的职责不去做，反倒颠颠地跑过来，向君王讲道理，这我算是渎职带僭越。因此我要罚自己喝酒。"

晋平公一听，杜蒉真乃忠臣也！看来寡人有错呀："来来来，斟一觯酒，罚一罚寡人，我应该做自我批评，我错了！"

　　杜蒉闻听，心中高兴，赶紧地洗净了酒觯，然后高高举起酒觯。

　　晋平公一看对各位说："诸位看到了，杜蒉今天向我进谏忠言，如果一天我死了，寡人不在了。这个酒觯千万不要丢弃呀，要让后世晋国国君记住这个酒觯！"说完接过来杜蒉敬的酒，一饮而尽。然后把这酒觯高高举起，这个习惯一直沿用到后世。后世人们敬完酒后，都要高举酒杯，这个动作就叫杜举。

【经典原文】

不知而言不智，知而不言不忠。

——《韩非子·初见秦》

【参考译文】

自己不知道就说，是不明智；自己明明知道却不说，是不忠实。

02

唐太宗不徇私情

诚有功则虽疏贱必赏，诚有过则虽近爱必诛。

近爱必诛，则疏贱者不怠，而近爱者不骄也。

　　唐太宗李世民一登基，就立自己的长子李承乾为太子。当时李承乾才8岁，聪明可爱。但是随着李承乾的年岁渐渐长大，李承乾有些残疾了，有腿疾，走起路来一瘸一拐的，而且品行不佳，对父亲李世民的教诲阳奉阴违。对师长的劝谏，那更是显得不耐烦，甚至说觉得自己老师太讨厌了，老是劝谏自己，干脆派杀手给杀了得了，刺杀自己的老师。这么一来，李世民逐渐对这个太子产生了厌恶之情，就想着换太子，换一个品行好的。

　　李承乾一看自己在父皇面前渐渐失宠，他害怕呀。那怎么办呢？干脆先下手为强，我来个逼宫得了。于是，他就跟当时的汉王李元昌、城阳公主的驸马都尉杜荷、大将军侯君集，还有很多王公大臣，这些人相互勾结，准备谋反。

但事情最终败露，被唐太宗知道了。就在贞观十七年（643），把这场谋反给镇压了，所有参加谋反者，那得一律问刑。于是唐太宗李世民就让大臣长孙无忌、杨师道等组成了一个专案小组，来审理此案："都有什么人参加了谋反，他们在其中扮演什么角色，按律应该判处什么样的刑罚？你们给我审清楚，该抓的抓，该杀的杀，该流放的流放。"

这么一审，这名单真不少，张三、李四、王五……一看这名单，专案组里头有一个人叫杨师道，当时是中书令。中书令按现在话来说，内阁总理，百官之首。当时杨师道脑袋"嗡"的一声，怎么？这当中有一个熟悉的名字——赵节，当时官拜扬州刺史，一看所犯的罪，按律当斩。杨师道一看那个名字，心是扑通扑通直跳，为什么呢？敢情这个赵节跟他有亲戚。有什么亲戚？要论起来说，赵节得管杨师道喊声爹。怎么还论着说喊爹呀？你听这两个姓，一个姓赵，一个姓杨，他俩本来没有血缘关系，但是现在成为名义上的父子了。为什么？敢情赵节的母亲很了不得，乃是李世民的五姐，被李世民的父亲唐高祖李渊封为桂阳公主，后来改封长广公主，是个长公主。开始长广公主先是嫁给了一个叫赵慈景的，跟赵驸马爷生了一个孩子就是赵节。可是后来赵慈景死了，长广公主又改嫁了，第二任丈夫就是现在的中书令杨师道。所以，从这层关系来说，这杨师道是赵节的继父。那现在看到继子获罪要问斩，他能不关心吗？回去之后给长广公主一说，长广公主眼泪下来了，说："无论如何，你得为赵节开脱呀，他死了，我也没法活了。"

杨师道说："你放心吧，这个案子正好落在我和长孙大人手里，审案当中，暗中我一定照顾照顾他。"

就这样，杨师道在审案中，就为赵节开脱罪责，这就等于徇私枉法了。

结果，后来这件事情暴露了，被李世民知道了，龙颜大怒，那不仅赵节判归原罪，该斩的斩，而且杨师道徇私枉法，也由此获罪，杨师道也受了罚了，被降职为吏部尚书。

回到家里头，见到长广公主，杨师道把手一摊："公主，不是我没尽力，你看看，我现在官都丢了，皇上震怒了，孩子是非判死刑不可呀，我是无可奈何了。您是皇上的姐姐，现在看来只有你出马找皇上哀求了，或许皇上能念骨肉之情，放他外甥一马。赵节怎么来说，得喊他一声舅舅不是。"

"好吧，看来我也只得舍着我这老脸，去给皇上求情了。"她为什么开始没求情呢？她知道李世民执法甚严，没好意思去找，现在不找不行了。

正巧，这个时候，唐太宗李世民来到长广公主住所，来看望姐姐来了。为什么来看望呢？估计唐太宗觉得，我要把外甥处斩了，把自己这个姐夫也已经给贬谪了，得安慰安慰姐姐，从亲情上得抚慰抚慰，所以过来看一看姐姐。

长广公主一听皇上驾到，赶忙迎接到内宅。一看左右没有旁人，她"咕咚"一下就给太宗跪下了，以头触地，"咣咣"直磕响头，哭着为自己的儿子求情，为自己儿子所犯的罪过道歉。"千错万错都是姐姐我的错，都是我教子无方。您可怜可怜他，年幼失去了父亲；您可怜可怜他，这是您的亲外甥。能不能从轻发落？只要不把他处死，流放、拘押、做苦役，我们都认了，求陛下开恩。""咣咣咣咣……"做母亲的磕头磕得脑门都见了血了。

这一番话说得唐太宗眼泪也下来了。姐姐给自己磕头，哪能受得起，但是想让自己徇私枉法，违背大唐律例，那我这皇帝还怎么做呀？

"姐姐，你先起来。"

"我不起来，你不答应，我今天就跪死在这里，我也不起来了。""嗙嗙嗙……"还磕头。

唐太宗一看，扶不起姐姐，一撩龙袍，"扑通"也给长广公主跪下了。你不是给我磕头嘛，我也给你磕头，"咣咣咣……"给姐姐磕头了。

"哎，陛下，万万不可。"

唐太宗这个时候流着眼泪，对姐姐说了："姐姐呀，赏不避仇雠，罚不阿亲戚，此天下至公之道，不敢违也，是以负姊。"

什么意思？作为一个国家，或者作为一个领导者要赏罚分明，不因为自己腻歪谁，谁跟自己有过节，有仇口，人家立了功了，自己就不赏人家，这叫赏不避仇雠。罚不阿亲戚——不因为你跟我是亲戚关系，你犯了法了，我就不处罚你，这是天下至公之道，我身为天下领导者，我身为皇上，我哪敢违抗，我哪敢违法？法大于天，法律面前人人平等。所以姐姐你给我磕头，我只能给你磕头谢罪，谢罪是因为我私人觉得对不起你，但是这是国法。国法不能违背。是我负了姐姐，你要真有怨气，就往我身上发吧。

【经典原文】

诚^①有功则虽疏贱必赏，诚有过则虽近爱必诛^②。近爱必诛，则疏贱者不怠，而近爱者不骄也。

——《韩非子·主道》

【字词注释】

① 诚：确实。

② 诛：惩罚，责罚。

【参考译文】

确实有功劳者，即使是交情疏远、地位卑贱的人也一定要给予奖赏；确实有过错者，即使是亲近喜爱的人，也一定要给予惩罚。亲近喜爱的人一定要给予惩罚，那么交情疏远、地位卑贱的人做事就不会懈怠，而亲近喜爱的人也不会骄横放纵了。

03

吴起变法

国无常强，无常弱。奉法者强则国强，奉法者弱则国弱。

"国无常强，无常弱。奉法者强则国强，奉法者弱则国弱"这句话是我国当代领导人经常引用的一句话。2014年9月5日，在《庆祝全国人民代表大会成立60周年大会上的讲话》中就引用过这句话；2014年4月30日，在《新疆考察工作结束时的讲话》也引用过这句话；2014年2月17日，在《省部级主要领导干部学习贯彻十八届三中全会精神，全面深化改革专题研讨班上的讲话》当中也引用过这句话。尤其在《庆祝全国人民代表大会成立60周年大会上的讲话》当中曾这么说："加强和改进立法工作。'国无常强，无常弱。奉法者强则国强，奉法者弱则国弱。'经过长期努力，中国特色社会主义法律体系已经形成，我们国家和社会生活各个方面总体上实现了有法可依，这是我们取得的重大成就，也是我们继续前进的新起点。形势在发展，时代在前进，法律体系必须随着时代和实践发展而不断发展。"可见这句话在法治建设的今天，也有着很大的现实意义。那对这句话我们应该怎么理解呢？今天给大家说"吴起变法"的故事，希望大家通过这个故事来了解这句话。

吴起是我国战国初期的军事家、政治家、改革家，也是兵家代表人物之一。吴起最开始供职于鲁国，后来又投奔了魏国，在魏文侯统治魏国时期，吴起为魏国立下了大功，可是后来魏文侯死了，魏武侯继位，魏武侯听信谗言，就不信任这吴起了，把吴起的职务给免了。吴起一看魏国没法待了，干脆走吧，于是吴起又投奔了楚国。楚国当时正值楚悼王在位时期，我们知道战国时期有著名的战国七雄——齐楚燕韩赵魏秦，这七个国家齐国最富，秦国综合实力最强，燕国最安全，楚国地盘最大。地盘大，物广人稀，由于楚国的大权掌握在那些奴隶主贵族手里，所以楚国政治比较腐败，经济还很落后。到了战国初期，楚国都不被中原各国看得起，中原各国都说楚国是荆蛮之地、没有开化的地方。很多国家还都欺负楚国，就在楚悼王继位前后，楚国先后两次受到了韩赵魏三国进攻，吃了败仗，丢失很多土地。最后不得不用重礼请出了秦国国君出面调停，这才免去自己一时之忧。这楚悼王一想起现在楚国的情况，脑袋都疼，怎么能够让楚国富强起来呢？正在发愁呢，吴起来了，把楚悼王乐坏了，吴起大才呀，他赶紧率领满朝文武，恭恭敬敬地出城迎接吴起。在宫中大排筵宴，给吴起接风洗尘。"吴先生，吴将军，吴贤士。"这楚悼王不知道怎么称呼吴起了。

"你看看，我们楚国自打建国到现在，好几百年历史了，要说国土可以说我们楚国那是地大物博，要什么有什么，陆地上的东西，江水里的东西，那太多了。论人口，我们也有数百万之众，但为什么我们楚国一直国贫兵弱呢？您给我分析分析行不行？"

吴起微微一笑，说："王上，其实原因很简单，就是因为咱们楚国国内分封的太多了。你看我们楚国王公贵族多了去了，各有自己一盘势力，他们平常光看到自己利益了，哪顾得了国家利益，哪顾得了百姓利益，所有国家的官职他们把着，普通老百姓根本没办法晋升。那你想想，老百姓还有积极性吗？老百姓为什么生产粮食，普通的战士为什么要作战勇敢，那都得有个奔头。如果没有奔头，告诉老百姓你生产一辈子粮食，你也是泥腿子；告诉当兵的，你就拼了命在战场英勇搏斗，你也是当兵的，永远当不了将军。那你说人家何必卖命地去生产粮食，卖命地打仗呢？再加上军事上赏罚不明，选官的时候不能择能而用，这都被那些贵族把持着，这就是楚国为什么国不富、民不强的原因。"

"对，对对对对对，"楚悼王说，"吴先生，您真是一针见血呀。那现在我们怎么能够让楚国再次富强起来呢？"

"没别的路，只能推行新法，改革楚国。现在您看这楚国荒置的土地非常多，那坐享其成、不劳而获的人也多，成为社会寄生虫了。要想解决楚国的弊病，最要紧的就得明申法令，赏罚分明，奖励耕战，让下面的老百姓，那些士兵有积极性。这样一来，楚国就富强起来了。"

"好好好好，听君一席话，胜读十年书，我现在就命您为楚国的令尹，主持变法。"

就这么着，在楚悼王的全力支持下，吴起在楚国开始变法，开始大刀阔斧的改革了。都改革什么呀？具体的措施有这么几条。第一，制定法律，并把法律公布于众，让官民都明白知晓。第二，凡是封君的贵族，已经传三代的，就要取消爵位，停止对疏远贵族的按例供给。这当贵族的，也甭老在这富裕的地方待了，都给我移到地广人稀的偏远之地，你想要吃要喝，到那个地方去搞生产去。第三，淘汰并裁减无关紧要的官员，削减官吏俸禄，把节约的财富用于强兵。第四，纠正楚国官场损公肥私、残害忠良的不良风气，使楚国群臣不顾个人荣辱，一心为国家效力。第五，统一楚国风俗，禁止私人托情。第六，建设国都，加高城墙，增强国都的防卫能力，等等，等等。

就是这些措施，一方面减轻了人民的负担，发展了生产，另一方面，打击了楚国旧贵族的势力，加强了国家统治的力量。新法颁布之后，吴起身体力行，亲自抓军队的训练和整顿，很快给楚国训练出了一支能征惯战的劲旅。吴起通过变法，使楚国国力迅速强大起来，向南攻打到百越，将楚国疆域扩展到洞庭湖苍梧郡一带。

公元前381年，楚赵两国又大败魏军，一下子震慑诸侯，一直打到黄河岸边，使楚国成为军事强国。但是，吴起变法招致了楚国贵族的怨恨，因为动了贵族这些既得利益者的奶酪了。贵族们本来养尊处优，什么活儿都不用干，饭来张口，衣来伸手，由老百姓供着呢，结果你吴起一变法，又让我们削减我们的俸禄，又把我们赶到地广人稀的地方劳动去，又给这老百姓提升空间。这不是损害了我们的利益吗？这吴起真是可杀不可留！但是有楚悼王给吴起撑腰，这些贵族一时之间无可奈何。到了公元前381年，楚悼王去世了，嗬，有机可乘了，楚国贵族是趁机发动兵变，攻打吴起，最后乱箭射死了吴起。可惜吴起的新政废除了，旧势力重新抬头，楚国也从此一蹶不振，最终被秦国所灭。

【经典原文】

国无常强，无常弱。奉法者强则国强，奉法者弱则国弱。

——《韩非子·有度》

【参考译文】

国家没有永久不变的强盛，也没有永久不变的衰弱。奉行法令强劲有力的国家强盛；奉行法令软弱无力的国家就衰弱。

04

隋文帝惩子

法不阿贵，绳不挠曲。法之所加，智者弗能辞，

勇者弗敢争，刑过不避大臣，赏善不遗匹夫。

隋文帝杨坚是隋朝的开国皇帝，也是中国历史上一个颇有作为的皇帝。他结束了中国400多年的分裂局面，实现了国家再次一统的局面，也是隋唐盛世最早的奠基人。隋文帝治理国家，颁布了一系列的法律和措施，让国家迅速走向强盛。

杨坚有个三儿子叫杨俊，被封为秦王，杨俊这个人颇有才能，年轻的时候跟着自己父亲转战南北，立下赫赫战功，后来由于打败南陈有功，杨俊就被任命为并州总管。并州就是现在的太原一带，这个字大家注意一下，念 bīng，不念 bìng，它虽然是"并且"的"并"字，但是在这个地方应该念 bīng 州，很多人会把它念成 bìng 州，念错了，我们同学一定注意一下。他被封为并州总管，管辖24个州的军师，你说这杨俊有没有才能？隋文

帝对这个儿子也是非常青睐，非常喜欢。

但是等到隋朝平定了，天下安稳了。这杨俊慢慢地过上了骄奢淫逸的生活了，大兴土木，盖宫殿，盖房舍，极尽奢华富丽之能事。杨俊真有才能，有才能会设计，他经常亲自去干工匠的活儿。他给他的妃子打造了一个七宝幕帐，上面镶嵌了珍珠、玛瑙、碧玺、猫眼、钻石、翡翠，掐金边、走金线，上面有用金丝、银丝绣的龙、绣的凤。你想想这帐子上全挂这玩意儿，能不沉嘛，要想拉这个帐子，得用马才能拽得动。而且还建造水殿，用胭脂、香粉粉刷墙，说那环保吗？管它环保不环保，这玩意儿看着气派呀。而且用金玉砌成台阶，柱子之间都挂着明镜，明镜当中镶嵌宝珠，特别的华丽。

盖完这宫殿之后，杨俊就不干别的了，天天和宾客、妓女们，就在这个水殿上吹拉弹唱，吃喝玩乐。不但如此，由于他是王，他觉得是当今圣上的三儿子，仗势欺人，经常放纵手底下人违法乱纪，欺压良善，欺男霸女，没人敢管他。还放高利贷，驴打滚的利，放给老百姓敛财，为此老百姓是身受其害，怨声载道。

逐渐这个消息就传到隋文帝杨坚耳朵眼里去了。杨坚是一个中国历史上非常节俭的皇帝，他要求所有男的，这个衣服都得用布帛做成，粗布的、麻的都可以，别用绸缎的，太奢侈。另外不要佩戴金银首饰、玉石玛瑙这些装配，别戴这个，太奢侈。想佩戴，狗骨头、牛骨头有的是，磨磨蹭蹭，扎脑袋上，挂脖子上，也挺不错的。所以他是一个非常节俭的皇帝，一听说自己三儿子骄奢淫逸，过着穷奢极欲的生活，这还了得。杨坚是勃然大怒，下令把杨俊所挂的一切官职全部罢免，就留一个秦王的封号以作警示。

大臣们一听："别介，陛下，那毕竟是您三儿子，他是个王爷，他有钱，生活比普通老百姓稍微高那么一点，没有什么大罪过。说白了，不过是个人生活不太检点罢了，他又没有谋反，又没有其他罪过，所以您手下开恩，您对杨俊的惩罚太重了。"

连这隋文帝的亲信杨素也都为这杨俊求情。隋文帝一听，眼一瞪："我是五个儿子的父亲，我也是天下千千万万老百姓的父亲，大隋的律例是给每一个大隋子民们制定的，要照你们的意思，干脆为我这个儿子专门制定一部法律，让这部法律可以规定，他做那些事不犯法，能不能这么做呢？如果说不能够，咱就有一部大隋的法律，那所有的人甭管他是谁，必须遵守。别忘了，想当年周公旦还曾经诛杀过自己的兄弟管叔和蔡叔呢。我虽然比不上周公，但是也不能带头违反国家法律，对这杨俊的官职必须撤掉。"

在隋文帝坚持下，大臣们也不敢劝了，就把这杨俊的官职给去掉了，结果杨俊得知这个消息后，好悬没背过气去，卧床不起了。说这杨俊的身子骨怎么那么差呢，不就是把自己的官职给撤了嘛，不至于病成这样，其实另有原因。杨俊这个人喜好女色，在他府里养了很多美女，结果他整天跟这些美女吃喝玩乐，他的王妃崔氏那就吃醋，非常的记恨，这一记恨就有了心理病了。她就偷偷地在瓜中下了毒，把这瓜就敬献给杨俊了，杨俊还给吃了。那好得了嘛，毒瓜呀，吃完就病了，病了之后回到京城，正好听说父亲把自己的官给撤了，杨俊是又怕又愁，咯喽一下子，病更重了，卧床不起。

后来拖了一年后，这杨俊终于病逝了。后来杨俊的死因被隋文帝知道了，知道是被崔氏给毒害的，下令赐死崔氏。作为父亲，面对儿子的死亡，能不心疼吗？但是心疼那是私人的感情，父子私情不能够阻挡隋文帝戒奢以俭的决心，他下令把杨俊那些奢侈品通通烧掉，丧礼是一概从简。面对自己触犯法律的儿子，隋文帝毅然割舍了父子之情，果断地对儿子加以严惩，体现了隋文帝坚守法律的决心和宽广博大的胸怀。同时，作为领导者带头遵守法律，树立法治权威，他也获得臣民们的信任。

【经典原文】

法不阿①贵，绳②不挠③曲④。法之所加，智者弗能辞，勇者弗敢争，刑过不避大臣，赏善不遗匹夫

——《韩非子·有度》

【字词注释】

① 阿（ē）：偏袒。

② 绳：原义为木工用的墨线，引申指法律的准绳。

③ 挠：屈服。

④ 曲：弯曲，引申为不正直、邪恶。

【参考译文】

法律不偏袒权贵，就像墨线不迁就弯曲的木料那样，法律的准绳也不屈从于邪恶。受到法律的制裁，即使是有才智的人也不能用言辞来辩解，即使是勇敢的人也不敢用武力来抗争。惩罚罪过不回避权贵大臣，奖赏善行不遗漏普通民众。

05

韩昭侯的处罚

功当其事，事当其言，则赏；功不当其事，事不当其言，则罚。

　　无论古今中外，在任何一个机构里，机构成员都有他自己的分工，都有他自己的职责，军队里面有序列，职场当中有职位、职能、职责，三者应该统一。如果在一个机构里，每个人都能够各司其职，各尽其责，这个机构一定能够蒸蒸日上，反之，职能和职责不匹配，职位和职能不统一，这个机构一定会混乱。

　　比方说一个公司的总经理，他的职能是什么？他的职能是公司的掌舵人，应该把控着公司的前进的方向，在宏观方面掌控公司。那不能说公司什么事儿都得总经理去办，公司没电了，总经理赶紧地拿卡去买电去；公司没人送水了，总经理赶紧打电话给水站，要桶水；公司发票没人买了，总经理赶紧去买发票。这就是职位、职能、职责混乱了。没水、没电找行政，买发票找财务。反过来，你不能让财务人员去干市场的事儿去，也不能强求行政人员去搞公关宣传去。就如同在军队当中，我们不能够让师长去做连长的事儿，我们也不能够让连长隔着营长去向旅长汇报工作，这个道理很简单。但是很多人，尤其是现代的一些企业管理者，他往往在这个方面不太注意，做得非常不足。这样的企业是一个没有法度的企业，注定会运行不顺。

韩非子为了讲明白这个道理，他就举了一个例子。说原来韩昭侯有一次喝醉酒了，喝醉酒睡着了，结果有一个掌帽官（管理韩昭侯帽子的官员）一看，君侯怎么什么都没盖，就睡哪儿了，赶紧扯过来衣服，给这韩昭侯盖上了，怕韩昭侯着凉。这个掌帽官是不是好心？真是好心。

韩昭侯酒醒了，也睡足了，醒过来一看，这是谁给自己盖了一件衣服？怕自己着凉了，真关心自己。就问自己的内室："谁给我盖的衣服？"

内室就说了："是掌帽官。"

韩昭侯一听，脸就沉下来了，立刻下令处罚了掌帽官和掌衣官。

大家都不明白了，问："君侯啊，您看您睡着觉，没盖衣服，人家掌帽官好心好意给你盖衣服，你怎么还处罚人家呢？"

"当然要处罚了，他是什么官员？"

"他是掌帽官呀。"

"对呀，掌帽官的职能是什么？"

"他职能就是管理您的帽子。"

"他的职责呢？"

"职责就是要让您随时的能够戴上帽子，而且这个帽子不要损坏，他要好好保管。如果帽子上出现任何的差池，那就是掌帽官的责任。"

"对呀，那给我盖衣服算不算他的职能？"

"这不能算。"

"我要是没盖衣服，能不能处罚他？"

"那不能处罚他呀，人家不管你的衣服，这不在人家职责范围内呀。"

"还是的，我为什么今天要处罚他，就是因为他越权了，他干了不该他干的事儿。不要跟我说干的是好事，我没有赋予他这个职能，他也不必要承担这个职责，他现在干这个事儿了，就是越位了，越权了。"

"那你为什么处罚掌衣官呢？"

"我当然要处罚他了，他的职责是要负责我的衣物。我睡觉都没穿衣服，他不给我盖上啊，这是失职。所以我要处罚他。"

"君侯，再怎么说，人家掌帽官也是爱惜您的身体，也是做了好事，怕您受了寒冷，受了风寒，这不是好事嘛。这功过相抵了行不行？"

"不行。"韩昭侯说了，"我不担心寒冷，但是我认为越权的危害超过了寒冷。"

在一个组织内部，我们不需要担心某种工作没人去做，这

个不是最担心的，而是担心大家随意地做事、无序地做事，任何人想干什么就能干什么，或者管理者根据自己的喜好，把一件事想给谁就给谁，这种行为才是最令人担心的呀。

【经典原文】

功当其事，事当其言，则赏；功不当其事，事不当其言，则罚。

——《韩非子·二柄》

【参考译文】

取得的成绩和他的职事相当，完成职事的情况和他的话相符合，就给予奖赏；取得的成绩和他的职事不相当，完成职事的情况和他的话不相符合，就给予惩罚。

06

子反醉酒

行小忠，则大忠之贼也。

公元前 575 年，晋国以栾书为中军主帅，联合齐、鲁、卫等国一道出兵，攻打郑国。郑国一看吓坏了，这整个联合国军队，赶紧的求救吧。向谁求救？向晋国的死敌楚国求救，此时楚国国君叫楚共王，楚共王二话没说，派兵救援郑国，这么一来，楚军和晋军就在鄢陵打起仗来了。结果一仗下来，晋军大败楚军，尤其是晋将有一个叫魏锜的，张弓搭箭，扑，一箭射中了楚共王的眼睛。楚共王眼睛被射伤了，哎呀，惨叫一声，好悬没从战车上栽落，这下给气坏了，捂着眼睛就对手下大将，那位神射手养由基说了："给我报仇，把那射我的敌军将领给我杀死。"说着，从旁边箭壶当中抽出两支箭，交给养由基。这养由基是神射手："两支箭太多了，就用一支箭。"一箭射出去，"扑"，正中魏锜，就把这魏锜给射死了，把另外一支箭交还给了楚共王。

楚共王这颗心这时才稍稍的平稳了，但是眼睛伤了，作战不利，一看天色已晚，赶紧先回营吧。整装带队，明日再与晋国军队决一死战。就这么着，双方暂时罢兵，各自回营。楚国军队从君主到将卒，一个个是心情沉重，怎么呢？出师不利，打败仗了，尤其是楚军的司马子反。什么是司马呢？司马就是一个国家领兵的最高将领，这行军作战就是他的责任。他也是唉声叹气，说："好好研究一下战局，明日再战吧。"突然觉得打了一天仗，没喝一口水，特别口渴，吩咐道："来呀，给我拿水来。"

"哎。"子反有一个侍仆，就是他的手底下人，侍从吧，此人叫谷阳。一听说主帅要水喝，这谷阳心疼主帅，知道子反素日爱饮酒，特别爱喝，喝起来没够，看到主帅今天这么的疲劳，干脆，我给他端碗酒吧，喝口酒，解解乏，也解解渴。那位同学说了，这酒能解渴吗？能啊，因为当时，咱中国境内还没有烧酒，就是没有蒸馏酒，没有高度酒，顶多就是一点米酒，度数比较低，所以喝酒可以解渴。当然你不能喝太多，喝太多，一样口渴。

于是谷阳心疼主帅，就给子反端来了一碗酒："司马，您喝口水吧。"

子反端过来，用鼻子一闻："去去去，这是酒啊。打仗期间，我身为主帅，哪能饮酒？拿走拿走。"

虽说拿走，但是他并不把自己的酒往外送。谷阳看出来了，一笑："司马，您放心喝吧，这不是酒，这就是水。"

"哦，这碗里盛的不是酒？"

"不是酒。"

"这是水？"

"是水，您尝尝是水，可甜呢。"

"那既然不是酒，那我就喝了。"

"您赶紧喝，解解渴。"

"好。"这子反，我们说了，特别爱喝酒，这碗酒那可是上等的酒，这是等着打胜仗犒赏三军的，那能次得了吗？端起来一扬脖，咚咚咚咚咚，"好水。"差点没说出酒来。这个酒味怎么那么甘甜呢？"还有这水吗？"

"有有有，多的是。"

"再来一碗。"

"哎。"谷阳又给倒了一碗，一扬脖，咚咚咚咚。

"特别好，真好，再来一碗。"

"好好，有的是。"结果子反，我们说了特别喜欢酒，酒腻子，觉得这酒特别甜美，就停不下来了。左一杯右一杯，结果喝了个酩酊大醉，躺在榻上呼呼呼，打起呼噜了，醉了。转过天来，楚共王这一晚上没睡着觉，就等着天亮，好与晋国决一死战。

一看天亮了，赶紧派人："去，把司马子反叫过来，让他指挥三军，今日不打败晋军，绝不收兵。"

派人去找司马子反去了，到这儿一看，司马子反倒也醒了，是被自己的那侍仆谷阳给摇醒的。谷阳一看天光见亮了，你不能在这里再睡了，赶紧的给摇醒吧。但是司马子反就觉得头晕目眩，一阵的恶心，根本走不了道了，就别说领兵带队打仗了。听人一说，主公要召见自己："告诉主公，我心病犯了，心脏病复发了，我过不去了，请主公自己带队打吧。"

啊，能自己带队打吗，人家赶紧回来，禀告楚共王。楚共王一听："什么，这心脏病早不犯晚不犯，在这个节骨眼上犯了，到底怎么回事？"

"王上，您自己去看看吧，我不便说。"

楚共王一看，这里有事儿呀，赶紧乘坐马车，来到子反帐中。一撩帐篷，往里一进，怎么呢？楚共王就一捂鼻子，一股酒气。楚共王就明白了，好啊好啊，这一次作战，我自身都受了伤了，咱们跟这晋国打仗，依靠的就是司马。没想到，在这个节骨眼上重要的环节，司马却，却醉成这个模样，真是忘了楚国的神灵，忘了楚国的民众，这仗怎么打呀？不能再战了。"来呀，撤退。"咬着后槽牙撤了。没法打了，主将都喝醉了。撤离了鄢陵，到了楚国之后，司马子反也醒酒了，醒悟到自己身为主帅饮酒误事，严重违规，就自杀了。

所以你看这件事情，说这侍仆谷阳献酒错没错？他是不是仇恨子反，才给子反献的酒？他不是。他的内心是爱这位主将的，是忠于子反的，想让自己的主将舒服舒服，投其所好。结果呢？他的这种忠心恰好杀了子反，所以说"行小忠，则大忠之贼也"。放到我们今天也是如此，在一些机构里，一些企业当中，那些领导人身边，那些企业家身边，经常有几个心腹的属下、部从，这些人有时候对领导也是投其所好，领导喜欢什么，他们敬献什么，领导爱听什么，他们说什么，想着办法服侍领导，但往往损害了机构的利益，损害了企业的利益。这也是韩非子所说的"行小忠，则大忠之贼也"。

行小忠，则大忠之贼也

——《韩非子·十过》

奉行对私人的小忠，是对大忠的一种贼害。

07

商鞅见秦孝公

凡说之难，在知所说之心，可以吾说当之。

战国时期，秦孝公为图强颁布了求贤令，就说天下甭管哪国，只要是有才、有能之士，愿意投奔秦国，为秦国效力，我分房子、分地。怎么还分房子、分地？就说给予优厚的待遇。他一下达求贤令，当时在卫国有一位不得志之士，此人叫公孙鞅，又叫卫鞅，后世称作商鞅。当然这个时候，他还不能叫商鞅，但是为了便于大家听清楚，我们就暂时用一个大家都熟悉的"商鞅"这个名字来称呼他。

商鞅从卫国就来到秦国。他先是找到了秦孝公一个宠臣，此人叫景监，让景监给自己引见，要求见秦孝公。景监也听说了，这位商鞅大才，于是，真就把商鞅推荐给了秦孝公，说："我有一哥们，这人了不得，有治国安邦之能，如果您用了他，咱秦国就能蒸蒸日上。"

"哦，是吗？"秦孝公一听，"那我就见见吧。"

定好了日子，秦孝公就接见了商鞅。商鞅一见秦孝公，特别激动。秦孝公也说了："先生，不知你有何教我？"不知道您要赐教我点什么呀。

商鞅当时特别激动，就开始从三皇五帝谈起，三皇五帝如何治世，如何的仁义教化，如何的德配天地，他巴啦吧巴啦吧巴啦巴啦吧，说得唾沫星子乱飞，最后说得口干舌燥。再看对面的秦孝公，怎么呢？打起呼噜来了，脑袋垂那里，都不知道什么时候睡过去了，哈喇子都流出多长来。商鞅一看，人家对自己说的话不感兴趣。秦孝公被人叫醒："说完了。"

"说完了。"

"那好，你回去听信去吧。"

"哎。"商鞅灰头土脸走了。秦孝公擦了擦哈喇子，看了看旁边的景监："我说你推荐的是什么人？我看他就知道夸夸其谈，净跟我说这些不着调的事，浪费我的时间。"秦孝公一甩衣袖，生气走了。

这景监也觉得脸上发烧。怎么呢？都说这位商鞅大才，我也相信了，结果我这么一推荐，弄成这么一个结果，我脸上也无光。景监也特别生气，回来就把秦孝公刚才给自己说的话转述给了商鞅，其实就借这个话来责备商鞅。没想到商鞅不但不惭愧，反倒是高兴了。"我明白了。这么着，麻烦景监大人，您再向国君举荐一番。这一次，我保证不再说三皇五帝的事，我明白了秦公的志向不在帝道，我不能拿帝道说服他。"

"那你准备怎么说服他呢？"

"我准备用王道说服他。"

"这王道是什么呀？"

"你给我安排吧。"

"那好，听信吧。"景监还真办事，又找到秦孝公，给这商鞅说好话。"您再接见一番，咱不能说第一次谈论一下子，就一棍子把人给打死，您再好好地接触接触，再面试一次，再给他一次机会嘛。"

"好吧。"秦孝公也觉得景监说得有理。本来自己就颁发了求贤令，那好容易来这么一个人，谈得也不错，只是自己不感兴趣。多接触一次，看看他还有没有其他能力。就这么着，过了几天，秦孝公再次接见了商鞅。商鞅这一次再见秦孝公的时候，那就不说什么三皇五帝了。话头一转，开始说禹王了，开始说周文王、周武王了，把他们的治国方法说得淋漓尽致，嘚啵嘚，嘚啵嘚，嘚啵嘚啵嘚啵嘚。这一嘚啵，这一次秦孝公倒是没睡着，但是不住地打哈欠。

最后秦孝公把手一摆："行了，先生，寡人累了，咱们改日再说吧。我先去歇会儿。"说着，站起身来，一甩袖子又走了。

景监一看，得，这一次又够呛。赶紧追上秦孝公："国君，您看这人怎么样？"

"什么怎么样，这不跟上一次差不多嘛。给我说这些东西都不管用，都什么年代的事了。现在你瞅瞅，齐楚燕韩赵魏秦，这七个强国打得一塌糊涂，还能称王吗？他那一套说服别人去吧，寡人不爱听。"一甩袖子，秦孝公走了。

景监这一次脸更红了，两次了，被孝公训了两次。他回来怒气冲冲，又把秦孝公刚才给自己说的话，给商鞅说了一遍。

商鞅一听："明白了，明白了明白了明白了。"

"你明白什么了？"

"我今天是用禹汤文武的治国方法来劝大王，此乃王道也。没想到大王对王道不感兴趣，国君对帝道不感兴趣，对王道也不感兴趣，我就明白了。请您再找国君一趟，让他再召见我一回。"

"还召见你呀？"

"这一次我保证我说的话，国君爱听。如果再不爱听，他愿意怎么处罚我都行。他不处罚我，我扭脸离开秦国，再不来了。你看怎么样？"

"好吧，最后一次。"这景监回来又找到秦孝公，"您再给此人一次机会。他说了，他保证这一次他说的话，您一定爱听。不爱听，他扭脸离开秦国。您就给他三试机会吧。"

秦孝公看了看景监，自己的宠臣："这也就是你呀，换别人保举，寡人早就不耐烦了。"

"是是是，您再给一次机会。"

就这么着，过了几天，秦孝公再次接见商鞅："先生，这一次你有何来教寡人？"

商鞅就开始鼓动如簧之舌了，在秦孝公面前嘚啵嘚，嘚啵嘚，嘚啵嘚啵嘚啵嘚，又是一阵嘚啵。这一次说完话，再看秦孝公没有睡觉，连打哈哈都没打。对这商鞅特别友好，但是最后并没有任用他，也没说太高兴，总之商鞅说的话，秦孝公听进去了，但是没有太激动。

最后秦孝公一看天色："今日天色已晚，先生暂且休息，咱们来日再聊吧。"秦孝公站起身来，走了。

这景监赶紧又跟过去了："国君，您看这一次……"

"你这个客人还真不错，我觉得我可以跟他细聊聊。"

"好好好好，国君您看您的时间。您有时间了，告诉我，我让他随时待命。"景监回来就把这事儿告诉了商鞅，商鞅乐了。

"我说什么了，我说这一次，国君一定对我的话题感兴趣，为什么呢？我这一次是用春秋五霸的治国方法去说服大王的，我给他讲的是霸道。大王对帝道、对王道都不感兴趣，我今天用霸道去试探他，大王对它感兴趣，看来大王是准备采纳了。这么着，如果大王果真再召见我一次，我就知道该说什么了。"

"那你等着，我回头就给你说去。"果然，在这景监的运作下，不出几日，商鞅又见到了秦孝公。这一次，商鞅把霸道掰开了、揉碎了，给秦孝公分析得淋漓尽致。再看秦孝公，两眼发直，就瞪着商鞅："对，好，那以后怎么办，下一步怎么办？"就玩这劲儿了，两人谈的是特别投机。

最后秦孝公就在这个殿席上，不知不觉中一个劲儿地往商鞅身边挪，好像离远了就听不见似的。就这么着，两个人谈了好几天，秦孝公天天接见商鞅，都不觉得厌烦。

景监一看，这商鞅真能耐："商鞅，你凭什么这几次就合上我们国君心意了呢？我看国君高兴极了呀。"

商鞅说了："我第一次、第二次分别用帝道、王道来说大王，结果大王说了，说那些时间太长了，他等不了。何况贤明的国君，谁不希望自己在位的时候名扬天下？你难道让我碌碌无为的就过这么一辈子吗？等上几十年、几百年，才成就帝王大业吗？所以他对帝道、王道不感兴趣。我就知道他一定喜欢霸道，所以我就用富国强兵的霸道来劝说他，他这才高兴了。"

果然，经过多次的交谈，秦孝公对商鞅非常信任，就任用商鞅在秦国开始变法。商鞅变法使秦国一步一步走向了强盛。

【经典原文】

凡说之难，在知所说之心，可以吾说当之。

——《韩非子·说难》

【参考译文】

大凡游说的困难：在于了解被劝说者的心理，然后设法用我的话去迎合这种心理。

08

水手泄密

夫事以密成，语以泄败。未必其身泄之也，

而语及所匿之事，如此者身危。

很多大事成功的关键就是一个词——"保密"。运筹帷幄中的军事家要想决胜千里之外，首先这个计谋的基础也是俩字——"保密"。如果这计谋泄密了，被敌方知道了，这计谋还能成功吗？这个仗打得赢吗？有时候非但打不赢，反倒是还容易被敌方将计就计，把你带入他们的圈套之中。那历史上由于泄密而致使大事功亏一篑的事例，可就太多了。

举个小例子。在第二次世界大战当中，美国有一艘军舰，马上要开赴欧洲作战。军舰之上有一名水手，正处于热恋期，刚谈了一个女朋友，每天都得跟女朋友煲一会儿电话粥。那今天也不例外，尤其是马上要开赴欧洲战场了，临别之前，更得多跟女朋友加强联系了。这战舰之上没电话呀，那年头这个通信设备没今天发达，那怎么办呢？岸上有一个咖啡馆，那里有一部公用电话，每天这位水手都要去这个咖啡馆用公用电话给女朋友打电话。今天要走了，那必须得去呀，又来到这个咖啡馆，找到这部公用电话，就向女朋友告别呀。

"亲爱的，我要出发了。"

女朋友就问："你什么时候出发呀？"

我什么时候出发？他就把自己出发的时间告诉女朋友了，表达爱意嘛，咱俩之间亲密无间，什么话都可以谈。

"那你到哪儿去呀？"

"我到哪儿去。"

"那这一路之上都过什么地方吗，好玩吗？"

"太好玩了，这一路之上经过的地方太多了，有这个地方那个地方，那个地方这个地方。"好家伙，就这位水手把这艘军舰一路之上经过的地点以及开往的地点，等等，全部给女朋友说了。他觉得这么显摆，能够给自己带来满足感，让自己的虚荣心得到满足。他满足了，旁边有一个人也满足了。谁呀？闹了半天，在这咖啡馆里，有一名德国间谍呀。这个间谍注意这个水手好多天了，他发现一个规律，这水手经常到这咖啡馆给他女朋友打电话，打电话当中什么话都往外扔。那太好了，我就在这里静静听着，每天我都记录你所说的内容，我就能从你所说的内容当中分析美国军舰的动向。

结果今天德国间谍一听，乐得差点儿没蹦起来。好家伙，就这些信息，我们费多少劲都难以拿到手，没想到得来全不费功夫。这水手在这里说得痛快，德国间谍在这边记得也痛快，全记下来了。然后打电报就传给了德国的情报机关，结果这艘美国军舰在海上航行途中，就被德国潜艇击沉了，那这名水手自然也葬身海底，可能他死都不知道，他的死不在于海，不在于敌军，而在于他那张泄密的嘴呀。

【经典原文】

夫事以密成，语以泄败。未必其身泄之也，而语及所匿之事，如此者身危。

——《韩非子·说难》

【参考译文】

事情因为秘密而成功，讲话因为泄露秘密而失败。不一定是游说者本人故意要把事情泄露出去，而是在无意之中谈到了要保密的事，像这样的游说者生命就危险了。

09

飞机失事的元凶

千丈之堤，以蝼蚁之穴溃；百尺之室，以突隙之烟焚。

有一句话叫"细节决定命运"，往往一件事的失败就失败在某一个细微细节的疏忽上，这就叫"千里之堤，溃于蚁穴"。延绵千里的大堤好像是坚固无比，但是你一旦发现堤底下有一个白蚁的穴洞，这个大堤就危险了，你必须赶紧把这个蚁穴除掉，而且要找一找，看看还有另外的蚁穴没有，否则的话，很容易有一个蚁穴发展成为百百千千的蚁穴，最终这大堤轰然倒塌。

百亩森林，郁郁葱葱，可能就因为某个游客一时不注意，丢了那么一个小小的烟头，引发了森林火灾，把百亩森林眨眼间化为灰烬。做官的腐败堕落，也往往是从贪占小便宜开始的，觉得今天拿人一瓜，贪人一枣不算什么，明天就敢要人一金戒指，拿人一钻石，到了后天就敢发展成要人一栋房子，收人几千万的现金。所以作为官员，如果在小事小节上失守，就很难在大事大节上守得住，所以咱们民间老百姓有一句俗语，也是对"千里之堤，溃于蚁穴"这句成语的解释，那就是：针尖大的窟窿，能透过斗大的风。

在 2007 年 7 月 24 日就发生了一场悲剧。法国航空公司有一架协和飞机在巴黎郊外的戴高乐机场起飞之后，没飞多远，"噗"，起火了。随之，"哐"，就坠毁了。当场造成了 113 条鲜活生命的丧生，也导致法航、英航旗下所有的协和飞机被迫停飞，接受检查，看看是不是这种飞机本身性能上有缺陷。后来经过大家调查，这才发现，闹了半天引发这起灾难的元凶不是说是飞机的事儿，闹了半天，是另外一架美国大陆航空公司所属的 DC-10 飞机上掉落在跑道上的一片金属薄片。闹了半天协和飞机起飞的时候，正压在这个金属薄片上，这薄片"嚓"就把协和飞机的轮子给划破了，随之引发了一系列的灾难性后果。

那这个薄片怎么掉下来的呢？再进行进一步的调查，发现掉落在飞机跑道上的这个金属薄片，也并不是 DC-10 飞机的原配件，而是它的发动机在检修的时候，所替换上的替代零件。你看，一个不合格的替代零件，最终导致了一架飞机的毁灭，带走了 100 多条人命。所以这句话就告诉我们，一定不要忽视身边的任何一件小事。把这些小事做好了，我们才能够做更大的事，一步一步脚踏实地地走向成功。千万不要因为我们忽视了那些不起眼的小事，以至于我们眼看要成功了，最后一步的时候功亏一篑，留下无法弥补的遗憾。

【经典原文】

千丈之堤，以蝼蚁之穴溃；百尺之室，以突①隙之烟焚。

——《韩非子·喻老》

【字词注释】

① 突：烟囱。

【参考译文】

上千丈的长堤，因为蝼蛄蚂蚁的洞穴而溃决；上百尺的高房子，因为烟囱裂缝中迸出的火星而被烧毁。

10

赵襄子学御

智周乎远，则所遗在近也，是以圣人无常行也。

　　我们经常说"活在当下，珍惜眼前"。在我们现在这个信息爆炸的时代，每个人越来越不甘心居于平庸，总爱好高骛远，把眼光放得很长、放得很远，总想着仰望星空，往往忽略了脚踏实地，总是这山望着那山高，往往就忽略了把自己每一步走稳、走好。

　　春秋时期，晋国一位卿大夫，史称赵襄子，他有一段时间跟着王子期学习驾驭马车的技巧，学会了，然后就要跟王子期赛马。结果两个人换了三次马，跑了三次，赵襄子三次都落后了。赵襄子心里就嘀咕了：哪怕我跑赢一次呢，这也算啊，怎么三次都输了？你要说是马的问题，我三次换三匹马，总不能说三匹马全是劣马吧？看来马没问题；这车也没问题呀，车都是一种制式的车；那就是人的问题了，就是驾驶技巧的问题了，但是

我这一阵子跟随王子期学习驾驶技巧，王子期说话了："倾囊而授！"都传授给我了，那为什么我还比不过他呢？看来他留了一手，他肯定有一些压箱底的那些诀窍绝技没肯告诉我，我找他理论去。

赵襄子还沉不住气了，就找到王子期，说："您不对呀，这一阵子，我好好拜您为师，跟您学习驾驭马车的技巧。您是不是留了几手，技巧没有全教给我吧，如果你全教给我了，咱俩比赛，怎么我一次都胜不了？"

王子期一听乐了："你呀，别这么想，我给你说了，我是倾囊而授，所有的技巧全告诉你了，而且咱俩刚才比赛的时候，你使用的技巧，我都使用了，我使用的技巧，你也都使用了，是不是？我没比你多，你也没比我少，技巧全教给你了。"

"那我为什么比不过你呢？"

"是你在使用技巧方面还有一些错误。"

"有什么错误？"

"你看，驾驭马车应该注重什么呀？应该注重让这马的身体在车子里面感到舒适，人要把自己的注意力和马的动作相互协调，达到人马合一，人马车三者合一。这么一来，才能够跑得快、跑得远。可是您呢，刚才咱们比赛的时候，有的时候您落在后面，您就想赶上我，跑到前头去。有的时候，我落后了，您跑到前头，您这个时候老是回头看我，又担心被我赶上。你想想，这个赛马无非是两个情况，不是领先就是落后，结果您呢，不管是在前还是在后，您的注意力都放在我身上了，您没有放在怎么驾驭马、怎么让车跑得更快点上。这样，怎么能够和马协调一致呢？这就是您落后的原因。"这就叫"智周乎远，则所遗在近也"。

【经典原文】

智周^① 乎远，则所遗在近也，是以圣人无常行也。

——《韩非子·喻老》

【字词注释】

① 周：遍，遍及。

【参考译文】

人的智慧只在远处兜圈子，那么遗失的东西就会在近处了。因此圣人没有固定不变的行动而是远近兼顾。

11

杜子谏楚庄王

知之难，不在见人，在自见。

在春秋时期，楚庄王有一回想攻打越国，正要起兵呢，他手下一位大臣叫杜子，给拦住了："大王且慢。"

楚庄王一看："你因何拦我呀？"

"臣想问一下，您为什么在这个时候要攻打越国呢？什么原因呢？"

"这不明摆着嘛，越国现在政乱兵弱，正是攻打它的好时机。故此，寡人要发兵灭了越国。"

杜子把手一摆："这正是微臣担心的地方。智慧好比是人的眼睛，眼睛它能看到百步之外的东西，但是谁也没办法看清楚自己的眼睫毛。"

楚庄王一听，眉头一皱："你想说什么呀？这说打仗呢，你提什么眼睛。什么叫眼睛能看远，看不了近？"

"微臣这是一比呀，眼睛就如同咱们楚国。您别忘了，大王您的军队曾经被秦国、晋国打败过，丧失了数百里的土地，这叫兵弱。国内又有庄蹻造反，官府派出多少军队去围剿他，到现在也没有平定他的叛乱，这不是政乱吗？大王您说人家越国政乱兵弱，但是恰恰政乱兵弱的不是人家越国，而是咱们楚国呀。就咱们楚国现在这个处境，比越国有过之而无不及，您现在不想赶紧地训练军队，平定内乱，反倒是想发兵去攻打越国。您这个智慧，那不正如同眼睛嘛，看得了远，看不了近。"

"这个，"楚庄王琢磨琢磨，"言之有理呀，看来寡人缺乏自知之明，发兵攻打越国之事就此作罢吧。"

【经典原文】

知之难，不在见人，在自见。

——《韩非子·喻老》

【参考译文】

了解事物的困难，不在于认识别人，而在于认识自己。

12

贝多芬战胜耳聋

志之难也，不在胜人，在自胜。

孔子有两个得意门生，一个叫曾参，大家尊称为曾子。另外一个叫子夏。这两个人可以说是同门师兄弟，但是很长时间两个人没见面了，这天两个人碰到了，曾子一看："哟，子夏，我看你怎么胖了？"

子夏说了："我思想斗争胜利了，所以我胖了。"

曾子没听明白："怎么思想斗争起来了，跟谁思想斗争？"

"我跟我自己思想斗争。之前咱见面的时候，我正在家中学习先王周公那些仁义礼德，我觉得非常景仰，他们要求我能够安贫乐道，应该修身养性，不应该有那么多的奢侈淫欲。我觉得这先王之道非常好，但是等我出了门一看，有些富贵人家天天大鱼大肉，穿的是绫罗绸缎，我心里头又总是非常羡慕，不由自主就向往人家那种富贵生活呀。结果这两种情绪就在我心里头产生斗争了，我也不清楚谁胜了，谁负了，所以前一段时间，我瘦了。这一段时间咱们不是没见着嘛，其实我哪儿也没去，就在家中，就琢磨这些道理，到底是先王的道理对，还是说要奢侈淫欲对。后来经过一番思考，一番斗争，最终先王的道理取得胜利了。所以在家里，我吃的是粗茶淡饭，但是我吃也香甜，睡也安然，心宽体胖，所以你看看我增肥了。"

所以韩非子说了，这志之难也，立志的困难，不在胜人，不在于胜过别人，而在于战胜自己，在自胜。老子不是也说过嘛，胜人者有力，自胜者强，就是这个道理。但凡在事业上能够取得成功的人士，他都有一个共同特点，那就是能够挑战自己，战胜自己。

就说音乐史上那位大音乐家贝多芬吧，他在 1824 年 5 月 7 日，领着自己的乐队在维也纳演奏了自己创作的《第九交响曲》。演奏完毕之后，哗，整个会场所有的观众全都站起来了，热烈鼓掌，掌声震耳欲聋，震得乐队成员都想捂耳朵，那简直是振聋发聩。但唯独贝多芬面带微笑，处变不惊，是不是他是大师，涵养高啊？倒不是这个，那是为什么呢？其实原因很简单，贝多芬现在压根听不见。贝多芬聋了，可不是嘛。

早在 1796 年，贝多芬就突然间患上了耳疾，开始没太注意，是不是忙的呀，辛苦呀，上火呀。过一段时间自己就好了，但是时间一长，这个耳疾不但没好转，还更加严重起来。到了 1819 年，贝多芬是彻底丧失了听觉。一个音乐家没了听觉，那对他是多么大的打击，这就如同一个雕刻家没了双手，一位足球运动员没了双脚，这对他们都是天大的打击，贝多芬当时心都碎了。但是面对命运的严酷打击，这贝多芬怎么选择？一种是选择自暴自弃，破罐子破摔，那既然没听觉了，那我还有什么用，就这么着消沉下去吧。另一个那就是战胜自己，贝多芬选择了第二个，他没有屈服，从痛苦和折磨之中，咬紧牙关，他站起来了，他当时发誓说："我要向命运挑战，我要扼住命运的喉咙，不要让它毁灭我。"

从那天开始，贝多芬更加努力地编写乐曲，奋发向上，虽然耳朵听不见了，但是心灵的耳朵似乎更加聪慧了。耳聋不但没有阻止贝多芬在音乐上的追求，反倒是在耳聋期间创作了大量令人满口称绝的交响乐，以及其他一些音乐作品，成为一位举世闻名的大音乐家和作曲家。

【经典原文】

志之难也，不在胜人，在自胜。

——《韩非子·喻老》

【参考译文】

树立志向的困难，不在于战胜别人，而在于战胜自己。

13

乐羊与秦西巴

巧诈不如拙诚。

为了解释"巧诈不如拙诚"这句话,韩非子专门举了两个例子。这第一个例子就是"乐羊伐中山"。

乐羊是魏国大将,有一年奉了魏国国君之命领兵带队攻打中山国,但是乐羊的儿子在中山国呢。中山国君一看,你乐羊领兵带队打我来了,干脆我把你儿子逮了得了。于是,中山国君就把乐羊的儿子给抓来,捆在城楼之上,就告诉城下的乐羊,看见没,你儿子可在我手里,这就是人质啊。你胆敢再攻打我,我就把你儿子给宰了。他拿乐羊的儿子想要威胁乐羊,乐羊冷笑数声,根本就没看自己的儿子,命令给我接着打,不但没有放松攻打,攻打得是更加猛烈了。这一下子,把中山国君给惹毛了,好你个乐羊,为了功名利禄,连儿子你都不要了。行,既然你都不心疼儿子,我干吗心疼你的儿子呢?"来啊,把这乐羊的孩子给我推下去，扔锅里煮了！"中山国君也是恨，就命人把乐羊的儿子扔到锅里给烹了，烹成了肉粥，然后舀了一碗，派人："去，送给城外的乐羊，让他自己尝一尝他儿子的肉粥。"多狠吧。

按说这要端到一个父亲面前，说这碗里是你儿子，那父亲捧着碗就得哭啊。乐羊不但没哭，一看："这是什么？"

"这是你儿子的肉粥，我家国君让我给您送来了。"

"拿过来。"这乐羊一手端过碗来，咕咚咕咚咕咚，一仰脖，把自己儿子的肉粥给喝干了，啪，把碗往地下摔了，摔了个粉粉碎呀，"回去告诉你家国君，明日决战！"

我的妈呀，这把使者给吓坏了，没见过乐羊这么狠的人，连滚带爬跑回中山国，见到国君把事情经过这么一说，中山国国君也没辙了，一屁股坐在地上，思前想后："魏国是大国呀，我中山国是个小国，这个乐羊又是个狠角色，看来怎么也终止不了他攻打我中山国的决心。我还打什么呀，打也打不过呀，得了，我投降吧。"

于是，乐羊拿下了中山国。捷报传回去，魏国的国君魏文侯得知是喜之喜，惊之惊啊。为什么喜呢？拿下中山国了，还不高兴嘛。惊之惊，没想到这个乐羊，为了拿中山国，真的不顾骨肉之情，他连他的至亲他都不爱，他未来能够真心实意地服从我吗？爱魏国吗？虽说乐羊回来之后，魏文侯对他的战功是大加赏赐，但是从此就怀疑乐羊的内心，再也不重用乐羊了。

韩非子还讲了另外一个故事，这个故事发生在鲁国。鲁国的实际掌权人是三桓，三桓就是鲁桓公三个儿子的后代，季孙氏、孟孙氏、叔孙氏。话说有一天孟孙氏打猎，就捕获了一只小鹿，然后就让秦西巴扛着这只小鹿先回家。但是秦西巴往家走的时候，发现自己身后还跟着一只鹿，而且是只母鹿，看这年岁要大得多，一边跟，一边哀鸣。秦西巴就明白了，看来我背的这只小鹿是它的孩子，这母亲一看我把它孩子要带回家去，担心孩子，故此在我身后不断鸣叫。

秦西巴当时就动了恻隐之心了，不忍心了。得了，我把这只小鹿给放了吧，于是就把自己肩头的小鹿放到地上，解了绑绳，这小鹿一扑棱，跟着母鹿钻进林中走了。结果这事儿传到孟孙氏耳朵眼里，孟孙氏是勃然大怒，这是我的东西，你说放就放啊，你简直是不把我放在心里，真是可恶，他一气之下，就把秦西巴给放逐了，就治罪了，流放了。

但是也就是一年过后，孟孙氏重新把秦西巴招回来，给自己孩子做了老师。这下子很多人看不明白了，就问孟孙氏："这秦西巴原来把您的鹿给放了，这有罪呀。您为什么还把他任命为您孩子的老师呢？"

孟孙氏说了："这秦西巴对一只鹿都那么的爱，他怎么能够不爱我的儿子呢。"

所以韩非子说"巧诈不如拙诚"。乐羊因为有功而被怀疑，秦西巴因为有罪却更加得到信任，这原因就在于仁和不仁的差别。

【经典原文】

巧诈不如拙诚。

——《韩非子·说林上》

【参考译文】

巧妙的欺诈不如拙笨的诚实。

14

五指争功

虽有尧之智而无众人之助，大功不立；有乌获之劲而不得人助，

不能自举；有贲、育之强而无法术，不得长胜。

话说有一位大画家，他的作品获得了大奖，画家一下子也声名远震，成了名画家了，每天向他求画之人、买画之人是络绎不绝，身价倍增。但画家自己倒是没觉得自己有什么了不起的，不过画家画画的右手那五根手指头却打起来了。怎么呢？都自认为自己是老大，自己对画家取得的成绩应该具有头等功劳。

首先这大拇哥就说了："我最大，我为什么叫大拇哥，大拇哥大拇哥，就证明我是咱们五人中的首领。你看甭管是谁，夸奖别人的时候，肯定先把我竖起来，对不对？先竖大拇哥，再说一句你真棒。每天过来看咱们主人画作的，都会向主人伸出大拇哥，这就说明我功劳最大，我是你们几个老大，以后你们都得听我的。"

"谁听你的呀？"食指一听把嘴一撇，"咱主人画画，我的功劳不比你少，要说霸气，那我就更牛了。"

"你一个食指有什么霸气的，有什么霸气的？"

"有一个成语叫指点江山，听过没有？"

"听过。"

"指点江山的是谁？"

"那都得是君主、帝王。"

"对呀。"

"古代的君主、帝王指点江山用哪根手指头？用大拇哥指点？用无名指指点？用小指头，那玩意儿也不能指点呀。所以说指点江山都是用我食指，所以，我比你们都实用，我是权威的象征，我最大。"

"小心风大把你的舌头给闪了，"食指扭过脸一看，说话的是中指，就见中指得意的一乐，"这事儿你也别说你能耐，你也别说你最大，其实谁最大，咱们几个一比就看出来了，对不对？不信咱并排站一下，咱们看一看谁最高，最核心，大家看看。看看，不言而喻了吧，不用说别的了吧，我都不用说我最大，大家的眼睛是雪亮的，我最高，当然是我最大了，是不是，无名指？"它还问无名指。

无名指鼻子一哼也没说话，不慌不忙地扭了扭自己的身体，这么一扭，好悬，没把大家眼睛给闪了，怎么呢？它就露出了它那细腰上的那枚金钻戒。无名指说了："谁最重要，这玩意儿也不是自己说的。咱们大家看看，咱们哥五个，你们身上有东西吗？没有吧，谁身上有东西呀？就我身上有东西，主人把他最贵重的饰品戴在哪了？戴在我身上了，金钻戒呀，值钱了，所以说你们说谁最大呀？"

就这下子，这四个手指头就开始打起来了，最后那最不起眼的小指说话了："别打了，别打了，我说两句吧，我说两句。"大家一听全把脑袋低下了，因为小指最短呀。

"怎么呢？你还想争老大呀，我们四个谁争老大都有资格，就你没资格，你有什么呀？论排序你在最末，论高矮你是最矮的，论粗细你也是最细的，你还争啥呀？"

"你说这个没用，秤砣小能压千斤，谁是老大不在于个子高矮，不在于身材胖瘦。你知道咱们主人信仰什么吗？"

"我不知道。"

"主人信佛呀。"

"对喽，咱主人是个虔诚的佛教徒，每天必须在佛菩萨面前礼拜，礼拜的时候怎么礼拜呀？双掌合十，对着佛和菩萨。那我问问你们，这一合十了，咱们五个谁离佛最近呢？"

大家一听："谁呀？"

"是我呀，唯独我小指离佛最近，所以我才是最大的，因为我靠近万能的佛祖。"

这下子，五个手指头互不相让，都说各自理由，这个说我老大，那个说我功劳最大。这么一吵吵把画家给吵醒了，敢情刚才画家睡着了。画家仔细这么一听，又好气又好笑。画家就开口了，说："你们五个都很重要，都是我的有机的整体，缺一不可，大家只有齐心协力，紧密合作，才能够成就大事；反之，谁都想当老大，谁都不服谁，谁都觉得自己最有能耐，结果谁也不配合谁，那你想想我这个手还有什么用？我抓支笔都抓不住，对不对，它就成了一把没用的耙子了，别说握笔了，一粒黄沙也恐怕抓不住，是不是这个道理呀？"

听了画家的话呀，五个手指头当时都没音了，都惭愧地低下了头。

这个故事就告诉了我们一个道理，也应了那句话"众人拾柴火焰高，团结才有力量"。

【经典原文】

虽有尧之智而无众人之助，大功不立；有乌获①之劲而不得人助，不能自举；有贲②、育③之强而无法术，不得长胜。

——《韩非子·观行》

【字词注释】

① 乌获：古代的大力士。

② 贲：孟贲，战国时著名勇士。

③ 育：夏育，周时著名勇士，卫人，传说能力举千钧。

【参考译文】

即使有尧那样高的智慧，但没有众人的帮助，伟大的功业还是不能建成；即使有乌获那样大的力气，但得不到别人的帮助，还是不能把自己举起来；即使有了孟贲、夏育那样的强壮，但没有法令战术，还是不可能永远取胜。

15

子产诫游吉

夫火形严，故人鲜灼；水形懦，人多溺。

　　子产是春秋时期郑国人，是当时杰出的政治家、思想家，姬姓，公孙氏，名侨，字子产，一般后人都称他的字，叫子产。

　　子产在郑国做相国做了二十余年，他执政期间既维护了公室的利益，又限制了贵族特权，进行了自上而下的改革，主要措施是：整顿田制，划定公卿士庶的土地疆界，把农户按什伍加以编制，对私田按地亩课税，制定丘赋依照土地人口数量交纳军赋。铸刑书，什么是铸刑书？就是把自己所制定的法律铸在鼎器之上，然后竖在外面，供大家看，也就是说把自己的法律公布成了文法，明文规定，以后大家都得按照法律规定行事，谁触犯了哪一条，就按照哪一条去处罚，别到时候说大家不知道，我是法盲，我没看过法律书，我全给你晾在外面。

　　子法的这一举措，开创了古代公布成文法的先例，在政治方面子产提出了宽猛相济的策略。"宽"就是强调道德教化和怀柔，在道德层面我要教化民众。但是如果你触犯法律，我一定对你猛，我一定是严刑峻法，我一定执法必严，毫不留情。

子产的这个行为得到了孔子的大加赞赏，孔子曾经说过："善哉！政宽则民慢，慢则纠之以猛；猛则民残，残则施之以宽。宽以济猛，猛以济宽，政是以和。"孔子就说这子产了不得呀，这管理国家，如果你这个政策太宽松了，国家统治没力度了，老百姓不怕了，成了无政府主义了，这民众就怠慢了，那如果说民众怠慢，这个时候就应该用刚猛的政策来纠正。但是如果法律太刚猛了，这老百姓又苦不堪言了，就会受到伤害。那民众如果受到伤害了，这个时候就应该施给他们宽厚的政策，宽厚来协助刚猛，刚猛来协助宽厚，宽猛相结合，政治才得以和谐。子产的做法，孔子特别的佩服，由此我们也看得出，子产在法律上是执法很严的。

那么后来子产得病了，年岁大了，病重了，临终前就对另一位大臣游吉说："我死之后，你一定会继承我的位置主政。我告诉你，惟有德者能以宽服民，其次莫如猛。"

什么意思？只有道德高尚的人，才能够用宽厚的政策使民众服从，得那些至圣先贤，那些三皇五帝，这些圣人才能够用宽厚的政策，让老百姓都服他们。如果你不是圣人，这个时候，你呀不如用严厉的法律来规定，你自身人格魅力达不到让老百姓信服的那个程度，那你不如用严格的规章制度来管理百姓。这就如同大火，大家都能够看到它的威严，大家都害怕火，闹了火灾了，谁都害怕。所以被火烧死的人，人数较少。但是你看看，这个小溪流，河水，这个水挺温顺的，大家倒不注意它了，但是每年被淹死的，那要比烧死的多得多呀。这就叫"夫火形严，故人鲜灼；水形懦，人多溺"。所以你一定要严厉执行你的法律，不要让老百姓看到你的懦弱，认为你好欺负，犯点事，你心慈面软，不好意思去惩罚他们，这么一来，以身示法者就会多，反倒最后会触犯刑法，得到严厉的处罚。你一定记住我这句话。

子产说完话，没多长时间就死了，结果，游吉果然主政了。游吉是一个心慈面软之人，主政之后就把子产所说的话给忘了，他也实行不了。他不肯实行严厉的制度，这执法一不严了，老百姓慢慢地就松怠了，结果后来一群人就在沼泽丛林中竞相作乱，逐步的演变成了郑国的大祸害了。本来如果你严明律法，当他们出现一小小的苗头的时候，就能给遏制住，结果你执法不严，小小的祸事逐渐酿成了大祸，最后，游吉没办法，只得带兵跟这些作乱分子作战，激战了一天一夜，牺牲了很多的人，最终才把他们给平息了。到这个时候，游吉仰天感叹："我要是早听了老人家的话，哪会落到这个地步啊！"

【经典原文】

夫火形严，故人鲜灼；水形懦，人多溺。

——《韩非子·内储说上》

火的形态是猛烈的，所以被火烧伤的人少；水的样子是柔弱的，所以被淹死的人多。

16

商鞅变法

古之善用人者，必循天顺人而明赏罚。

循天，则用力寡而功立；顺人，则刑罚省而令行。

在战国初期，秦国的社会经济、综合国力都落后于关东六国。关东六国指的是齐、楚、燕、韩、赵、魏。那秦国就必须增强实力，在诸侯争霸当中处于有利地位，别被他国给吞并了。

秦孝公即位以后，就决心图强改革，下招贤令，招纳贤士。卫国有一个人叫公孙鞅，就来到秦国找到了秦孝公，把自己的一套富国强兵的理论给秦孝公讲了一遍。公孙鞅说了："一个国家要想富强起来，就得重视农业生产。农业搞好了，有粮食了，老百姓要吃的有吃的，要穿的有穿的，军队也有充足的粮草，这么一来就有了保障。然后您再训练军队，做到兵强马壮。另外呢，还得赏罚分明，那不能够再光看这个人的家庭出身了，他家上辈是贵族，那世世代代、子子孙孙都是贵族，都吃国家的喝国家的，没有一点上进心，那哪成？你想得到什么样的赏赐，想得到什么样的地位，你得有相应的功劳。农民以种地多少作为他的功劳，收成多的农民要奖励。那将士呢，作战英勇的，立了军功的，这些将士要奖赏，该提官的提官，该授爵的授爵。要是那些不好好生产的，打仗贪生怕死的，就要加以惩罚，要真正能做到这一点，咱秦国就富强起来了。"

"嗯，"秦孝公一听，"言之有理呀。"跟公孙鞅谈了好几天，特别投机，最后秦孝公就决定改革旧制，实行变法。

"什么？要变法？"那些贵族大臣一听，"那哪成啊，我们要想保全我们的爵位，就得上前线打仗立功去，否则的话，就得把我们做官授爵的这个权利给剥夺了，只能享受平民待遇，那我们得失去多少特权啊。"所以新法刚一推行，就遭到了秦国那些旧贵族的疯狂攻击，就连太子也站出来表示反对。

公孙鞅变法的决心很大，把反对新法的一些贵族大臣该免的免，该撵的撵，全给罢官了。但是一看太子站出来了，那太子是国之储君，储备的君主，这怎么处分？我得找国君去。于是公孙鞅就找到秦孝公，就跟秦孝公说了，说："新法令之所以推行不起来，主要是上面有人反对。"

秦孝公一听一瞪眼："谁敢反对？谁反对就惩办谁。"

"现在领头反对的是太子。"

"哦，太子反对？"

"是，是这么这么回事。"

公孙鞅就把太子反对、故意犯法的一些事，一五一十给秦孝公一说，秦孝公这个气啊，但是为难哪。那毕竟在当时，那是个阶级社会呀，那太子跟一般老百姓能一样吗？如果一般老百姓反对，秦孝公就把老百姓给宰了，但太子反对，秦孝公为难，难道说我要把我的儿子也给宰了不成？

公孙鞅看出来了。公孙鞅就说了："国君啊，太子那当然不能轻易治罪了，但是新法令如果可以随便违犯的话，那今后怎么推行？就推行不起来了。"

"是，"秦孝公也为难，"那您说怎么办呢？"

"这么着，太子犯法，据我了解，都是他的老师唆使的，应该惩治他的这些老师，这也叫打狗给主人看吧。"

秦孝公一点头："你这个主意不错，你去执行就是了。"

"是。"公孙鞅领了旨，回去命人就把太子的老师公子虔就给抓来了，二话不说，按律施以劓刑。什么叫劓刑？就是把鼻子给割了，那年头有割鼻子的这个刑法。把太子的另外一位老师公孙贾判了黥刑。什么黥刑？就是纹面，刺面，在脸上刺字，作为你永久的耻辱记号。这下子，那可是把这贵族们给吓坏了："公孙鞅了不得呀，连太子的老师都敢动，这背后一定是国君在那里给他撑腰。否则的话，他哪有这么大胆子呀。"

太子看到这个情景也不敢吭声了。大家一看，秦孝公和卫鞅对变法这么坚决，都不敢反对新法令了。

就这么着，公孙鞅循天顺民，在秦国开始变法。几年之后，秦国就变得强盛起来，因为新法令使老百姓得利呀。比如说新法令规定，如果你这个老百姓能够好好地劳作，好好地生产，你的生产量增加了，用一定生产量可以免除一家的劳役。老百姓一听："那敢情好呀，多种点粮，织点布，咱不用去受那个苦力了。"所以老百姓是积极务农，种桑、养蚕、织布。秦国的生产力得到了很大发展，那老百姓生活水平自然也大大改善了。

再比如新法令规定将士杀敌立功可以升官晋级，从此将士作战也异常英勇，在战场上杀了敌人之后，咔嚓一刀，把敌人的脑袋砍下来，往裤腰带上一别，再逮一批人，咔嚓一刀，再往裤腰带上把这敌人脑袋别上。最后一仗下来，去请功去，看我这裤腰带上系几个人头，几个人头折合几等功，有明文规定。为什么人们把脑袋称为首级呀，那就是因为商鞅变法的时候，搞军功爵制，前八级的升级，就是在战场上杀一个敌人，把脑袋拎回来，就升一级，也就是一个首就可以升一级，所以才称为首级。也就说，无论做农民的还当兵的，只要你有了功就会得到国家奖赏，就会得到官爵，打破了之前那种官爵贵族世袭制，人人都可以通过自己的努力走上仕途。这么一来，秦国老百姓当兵的生产和作战积极性大大提升。

秦孝公一看，公孙鞅制定新法令成绩显著，非常高兴："咱试一下吧，看看现在能不能打胜仗吧。"于是就让公孙鞅做了大良造，派他领兵带队攻打魏国。这魏国过去很强盛，之前秦国不敢轻易惹，那么现在随着秦国日益强大，此消彼长，魏国已经衰弱下来了。一仗下来是魏国大败呀，连都城安邑都被秦军给攻占了，魏国最后没辙，只得向秦国求和。公孙鞅凯旋后，紧接着在全国范围内又进一步推行新法令，颁布了很多的利民政策。

这个新法令实施了十年之后，秦国就变成了天下最富强的国家，就连周天子都得派人给秦孝公送礼物，封秦孝公为方伯呀。这关东各国是纷纷前来祝贺，大家都对秦国是另眼相看。秦孝公一看取得如此巨大成绩，非常高兴，这都是公孙鞅的功劳呀。"得了，我把商於一带15座城镇我都封给你，表示酬谢。"

于是从这之后，人们就把公孙鞅称为商鞅，他的变法就是"商鞅变法"。可惜呀，过了些年，秦孝公病死了，太子即位，这就是秦惠文王。秦惠文王跟这商鞅有仇，他的老师不是被商鞅给侮辱了吗？一个削鼻子了，一个刺脸了，所以一上台，秦惠文王对商鞅就实行了打击报复，把商鞅五马分尸，给车裂了。但商鞅虽然死了，他推行的新法却在秦国继续实行，由于新法顺应了时代发展，大大促进了秦国生产力的发展，最终商鞅变法为秦国统一天下打下了坚实的基础。

【经典原文】

古之善用人者，必循天顺人而明赏罚。循天，则用力寡而功立；顺人，则刑罚省而令行。

——《韩非子·用人》

【参考译文】

古代善于用人的人，一定遵循着自然的规律，顺应着世道人情，严格明确地实行赏罚。遵循了自然的规律，那么使用的气力就少，但功业却可以建立起来；顺应了世道人情，那么刑罚简单，但法令却可以推行。

17

北魏孝文帝迁都

人主之患在莫之应，故曰：一手独拍，虽疾无声。

北魏孝文帝拓跋弘登基之后，心怀大志，为了使北魏富强起来，他实行了改革，在吏制、税制、路制、官制这些方面都进行了大刀阔斧的改革。魏孝文帝还不满足，他还有一个愿望，那就是想把国都从平城迁到洛阳。

平城是哪呢？就是现在的山西大同市，当时北魏定都于平城。那为什么非得往洛阳迁呢？洛阳那是中原的大都市，迁到洛阳，便于学习和接受汉族的先进文化，进一步地可以加强对黄河流域的统治。另外，洛阳地处中原，那个地方能够解决粮食供给问题，平城偏北地寒，粮食产量非常有限。

当时就有人作了一首诗，叫《悲平城》，说"悲平城，驱马入云中。阴山常晦雪，荒松无罢风"。您听这地方，雪了风了就止不住，哪能生产多少粮食？尤其后来平城成为北魏的京城了，人口日益增多，官吏队伍逐渐庞大，粮食供给问题更加严重了。那时候平城又没有什么水路漕运，交通极为不发达，从关内运粮到平城，一路之上费时费力，运到平城粮食还不够这路上吃的呢，成本极其昂贵。那洛阳那就不一样了，平原地区交通便利，而且几朝古都，所以迁都到那个地方，能够解决粮食供给问题。

还有一个，这地理环境，洛阳也比平城好。咱说这平城偏北，而且多山，气候干旱，气温较低。洛阳那就不一样了，地处黄河中下游西岸，卧居中原，山川纵横，素有"九州腹地"之称，四季分明，气候宜人。自古这就是兵家必争之地，也是历代帝王理想的建都场所。你想东周、东汉、曹魏等朝代都在洛阳定过都，所以孝文帝也想迁都。但是你想迁都，一个巴掌拍不响。魏孝文帝知道，自己手下这棒子大臣，有很大一部分思想顽固，保守，腐朽得不得了。你看吧，只要我一说迁都，他们准反对，他们这一反对还不好办，虽说我是皇帝，但他们都反对，我也没辙，这叫孤掌难鸣。怎么办呢？眼珠一转，计上心头。

单说北魏太和十七年（493）五月的一天，魏孝文帝升坐早朝，文臣武将列立两班。魏孝文帝一看大家伙儿全到齐了，马上就提出一个主张，说："朕，打算现在起倾国之兵，要去灭掉南齐。"

"啊？"文武大臣一听当时吓傻了，"什么，陛下您想干吗？"

"我想起兵灭掉南齐。"

灭南齐，我的天哪，这大臣心说话，陛下今天怎么了，脑袋被驴踢了？那南齐是容易灭吗？当时中国正处于南北朝时期，南朝是宋、齐、梁、陈四个朝代更迭递换，现在的南朝正处于南齐时期。那北边比较大的一国就是北魏，两国势均力敌，差不多。你无缘无故打人家，人家处于守方，你是攻方，你肯定吃亏。再说了，咱们现在国家有那个力量吗？大家一听纷纷表示反对呀。尤其是其中一个王爷，任城王拓跋澄，反对得最为激烈。拓跋澄是魏孝文帝的叔叔，在朝堂上非常的有威望。

"陛下呀，咱应该想想之前的情景，以史为鉴。想当初，前秦苻坚那是睥睨天下，不可一世呀，统领雄兵百余万，号称投鞭断流、哈气如云，就把马鞭子往河里一扔，这河就能给堵了。你说多少马，多少人吧，大家一人喘口气就形成云彩了。就这么着，雄兵百万，对南边的东晋那可以说是绝对优势呀。怎么样？怎么样？最后淝水一战，被东晋打了个惨败。八公山上风声鹤唳，草木皆兵，最后自己给亡了国了。咱不说前秦，就说我朝吧，我朝太武皇帝也南征过，兵力损失了一半还多呀。现在咱们的国力不及太武皇帝呀，如果南下伐齐，恐怕凶多吉少，起码现在时机不成熟。陛下，您可不能把这打仗当儿戏呀。"拓跋澄其他话没说，但言下之意您太年轻了，这么冒冒失失的，那不是嘴上没毛办事不牢吗？可不能这么做。

魏孝文帝一听，把脸当时一沉："国家是我的国家，我想怎么干就怎么干。任城王，你说这番话，难道说要动摇寡人的军心吗？"

"陛下，"拓跋澄不但没害怕，往前又迈了一步，嗓门还提高了："虽然说国家是陛下的，可我是国之大臣，怎么能够看着陛下犯险，而不言语呢？"

这句话说得魏孝文帝半天没回答出来，好一阵子，这脸色才稍微缓和过来。"好吧好吧，咱们君臣各说各的理由，咱们商讨一下吧。今天先说到这里。"说着话，魏孝文帝一甩衣袖退朝，他走了。

散朝之后，魏孝文帝派人把拓跋澄传唤到宫里，单独召见了他。见到拓跋澄，魏孝文帝一乐："叔叔，我老实告诉你吧，刚才我向您发火，其实不是向您发火。"

这拓跋澄没明白："什么意思呢？怎么向我发火，又不是向我发火呀？"

"我这是吓唬大家呢。给你发火呀，我是做给大家看的。"

"陛下，老臣不明这是什么意思呀？"

"叔叔，其实朕的真正意思，是觉得平城不是个用武之地呀，不适宜改革政治。现在朕要移风易俗，就非得要迁都不成。这一回我出兵伐齐，我哪能伐南齐呀，我不明白咱们的国力吗？其实我是想借此机会，带着那些文武官员迁都中原。我怕告诉他们我想迁都，他们都不同意，三拦五挡的徒生事端，所以，我这是给它用了一计。叔叔，你看如何呀？"

"哎呀，"拓跋澄一拍大腿，"陛下，您真是英明，怎么不早说。"

"我早说，你就演得不那么像了。你能不能支持寡人？"

"当然可以。"

"那好，我明日再说伐南齐，您就别吭声了。"

"老臣明白。"

就这么着，转过天来，魏孝文帝又提要南征伐齐，命令立刻准备军队，还派人在黄河上搭了浮桥，好让军队过河。

这大臣一看坏了，咱皇帝吃了秤砣铁了心了，这咱得反对呀。大家伙都把脑袋扭过来看这拓跋澄，怎么呢？这皇叔您得领头。再看拓跋澄把眼一闭，好像睡着了似的。反对人一看，这最反对南征的皇叔都不说话了。"皇叔都不说话了，你敢呀？"

"我也不敢。"大家都不敢说了。

就这么着准备了一段时间，魏孝文帝带着将士大臣一共二十万渡过黄河，是浩浩荡荡往南征伐。这一路之上，大臣们是提心吊胆。我的天哪，这一去呀回不来了，打南齐呀把我们的命全送了呀。大臣你看我，我看你，都不乐意呀。魏孝文帝暗乐，心说你不乐意，我也不乐意，但是，我就憋着你们。

就这么着，魏孝文帝带着大家往南征，来到了洛阳，到洛阳修整。修整几日之后，下命令继续往南行军。大臣们一听，不能再往南了，再往南真的要打仗了，那皇帝下命令了怎么办呢？咱们拖吧，消极怠工吧，所以大臣们是磨磨蹭蹭，磨磨蹭蹭，不愿往前走。魏孝文帝当时恼了："好啊，你们都不愿南征，那我一个人去打。"说完魏孝文帝扳鞍认镫，飞身上马，快马一鞭，就出了洛阳，往南杀过去了。

哎呀我的妈呀，大臣一看这哪行啊？"快拦住陛下，快拦住！"。这伙子有跑的，有骑马追的，总而言之，把魏孝文帝给拦住了。拦住之后呼啦一下子，大家全跪倒了："陛下不能南征，不能南征啊。"这一回，大家伙算豁出去了，甭管你皇帝怎么着，处罚我们也好，杀我们也好，反正是我们大家伙儿一起说不能南征。

魏孝文帝一看大家伙儿都说不能南征，哎呀，他假装自己也没辙了："那既然你们这么说，行吧，那我就先不南征。"

大家一听太好了："陛下圣明，陛下圣明，那咱是不是回平城？"

"不行，咱这么大张旗鼓，兴师动众的，造了这么大声势，老百姓都知道了，我统兵带队要御驾亲征，这么无声无响的，悄没声息地回去了，这我脸往哪放啊？面子往哪搁呀？你们得给我想个辙。"

这大臣一听："那有什么辙呀？"

魏孝文帝假装眼珠转了转："我看这么着吧，咱不南征，咱迁都吧。"

大家伙一听："迁都？"

"对，咱把国都迁到洛阳怎么样？这样一来，老百姓一问，说皇帝带着大臣，带着将领，二十多万人，呼呼噜噜往南走，干吗去了？那我们好讲，皇帝是要迁都，不是要南征，这我就有脸了，行不行？如果行，咱就这么做，如果不行，我就往南打。"

"行行行，"大臣一听，"行啊，只要陛下您再不南征，迁哪儿都行。"

这魏孝文帝差点儿没乐了。他用这种策略争取了大臣们的同意，终于实现了迁都洛阳的愿望。

【经典原文】

人主之患在莫之应，故曰：一手独拍，虽疾无声。

——《韩非子·功名》

【参考译文】

君主（领导者）的祸患在于没有人响应他，所以说："一只手单独拍打，虽然迅猛，但没有声音。"

18

滥竽充数

一听则智愚不分，责下则人臣不参。

　　韩非子是一位法家的代表人物，但他给我们后世管理学留下了很多可供借鉴的观点和方法。比如"一听责下"就是其中之一。"一听"指的是一听则愚智不分，就说作为一个管理者，只听一面之词，不全面的了解情况，不反复的参照比对，最终会导致愚智不分。那"责下"呢？责下就指责下则人臣不参，就是说一管理者对部署之才要一一进行考察，以免滥竽充数。为了阐述这个道理，韩非子就给我们讲了一段著名的故事，那就是滥竽充数的故事。

　　话说在战国时期，齐国的国君齐宣王是一个音乐发烧友，尤其特别爱听别人吹竽。竽是一种乐器。他是国君，有这个条件，就让人组成了一个吹竽音乐团，招了三百多个善于吹竽的乐师，就天天给他吹竽听。齐宣王这个人非常喜欢热闹，爱摆排场，所以每次听吹竽，就让这三百个吹竽的乐师，一起给寡人吹起来，我就喜欢这个大动静的。

结果在这三百人当中，就有一位，这人复姓南郭，人称南郭先生，他压根就不会吹竽，但听说齐宣王爱听竽，给予这会吹竽的乐师十分丰厚的报酬，那我是不是也能赚这个钱？你说这个南郭先生多大胆吧，也不知道他用什么关系，就混入到了这个乐队当中，成为三百个会吹竽的乐师之一。每次齐宣王命令三百个乐师一起吹竽，别人吹，这南郭先生也跟着吹。他不是不会吗？是呀，他吹不响，但他会装，一看别人怎么着扭身子，他也怎么扭，一看别人怎么鼓腮帮，他也怎么鼓，反正三百多人一起吹，声能震天，他自己不发声音，谁也听不出来。齐宣王在那儿高台之上坐着，更是听不出来呀。

每一次，这南郭先生就跟着这些乐师一起合奏给齐宣王听。每一次到发工钱的时候，他也排着队，跟别的乐师一起去领薪水，过得挺美。就这么的，日复一日、年复一年，这一晃好多年，南郭先生不会吹竽，他也没学，但就一直混在这乐师队伍当中好多年，没被人发现。

但这个时候，齐宣王死了，他的儿子齐湣王继位了。这个齐湣王有可能是受他爹影响，他爹是个音乐发烧友，齐湣王也是音乐发烧友，他爹爱听吹竽，齐湣王也爱听吹竽。但是父子俩有一点不同，哪点不同？齐宣王爱听大家一起合奏，三百多个乐师一起吹，齐湣王嫌闹得慌，好家伙三百多人一起吹呀，震耳朵，我喜欢一个一个的听你们独奏，三百多人一回轮一个，轮流给寡人吹竽。

这个消息一传出来呀，哎哟，南郭先生一吐舌头，完喽，看来我的这条生路是断喽。怎么呢？我那是滥竽充数的，我根本的就不会吹，跟大家在一起乱比画，谁也看不出来，要真格的，单拎出来，我不露馅儿了吗？我等着挨擂呀，赶紧跑吧。于是，他就悄悄跑了。

你看，如果说齐宣王早一点能够对这三百个乐师进行考察，哪怕派负责人对他们进行考察，那早就把这一位混在队伍当中白吃饭的南郭先生给剔除喽。

【经典原文】

一听^①则智愚不^②分，责下则人臣不参。

——《韩非子·内储说上》

【字词注释】

① 一听：一面之词。也可解释为"一一听取"。

② 不：有人认为，此处的"不"字是衍字。

【参考译文】

译文一：君主（领导者）如果只听属下的一面之词，则会导致愚智不分。君主督责臣下，那么臣下就不能混淆视听了。

译文二：君主一一听取臣下的意见，那么愚蠢的和聪明的就能分清；君主督责臣下，那么臣下就不能混淆视听了。

19

卫嗣君以城换逃犯

治无小而乱无大。

话说战国时期，卫国有一任国君叫卫嗣君，又被人称之为卫孝襄侯。

说这卫嗣君十年（公元前 325），当时卫国有一名罪犯就越狱了，从这卫国逃到了魏国。这逃犯来到魏国之后，由于他有一技之长，会什么呢？会医术，又正巧，当时魏国国君魏惠王的王后得病了，有人介绍，这个逃犯就被招进王宫，给魏惠王的王后治病去了。而且人家确实医术高明，王后的病情有所好转，魏惠王非常高兴。

那正这个时候，卫嗣君听说自己国家的逃犯跑到魏襄王那里去了，于是赶紧派遣使者，请求魏襄王准许用五十金把他给买回来，你应该把我们的逃犯遣返过来，虽说你们应该这么做，但是我们出于礼貌，也给你们一些报酬，用五十金把他给买回来。

但是魏惠王不放，这个人虽说是你们国的逃犯，但是对我王后有恩，给我王后治病了，治得不错，所以我不能引渡。

卫嗣君一听不行，你必须引渡，派使者往返五次就为这个事，但是五次都让魏惠王给拒绝了。卫嗣君一看，一咬牙："去，再走一次。"又打发使者过来了，见到魏惠王说了，说："我们国君说了，只要您能够把这逃犯放回去，我们国君宁愿用我们卫国的（左氏城）来交换，一座城换一个人，土地换逃犯，你干不干？"

啊？别说这魏惠王了，其实当这卫嗣君做这个决定的时候，这卫嗣君那些臣子就不干了，说："国君哪，你这数学学得不好，这个买卖太赔了，哪能用这样价值不菲的土地，去赎回一个小小的囚犯呢？这太不值了。"

卫嗣君这个时候就说了："安定不在国小，混乱不因国大，用教化来引导百姓，即使是三百户人家的城邑也能治理得好，如果百姓不讲廉耻礼仪，就算有十座左氏城又有什么用呢？"

但是在《韩非子》（包括《资治通鉴》）上面，卫嗣君说的话跟这个有一点不一样。那个上面说什么呢？说："你们群臣这就不懂了，所谓治无小而乱无大，治理政事不忽略小事，就不会出大乱子，如果法度不建立，当杀的不杀，当罚的不罚，就算咱们卫国有十座左氏城，那又有什么用呢？法度严明，违法必究，就算咱们卫国失去十座左氏城，也终无大害。"

那派出的使者把卫嗣君的这段话，原原本本告诉了魏惠王，魏惠王一听，"唉，"长叹一声，"看来卫君想治理好国家，我却不答应他的要求。人家要走正路，我反倒是包庇这一个逃犯，这对我的国家不吉利呀！来呀，用车子拉着这名逃犯把他送回卫国。"

"那五十金哪？左氏城哪？"

"寡人焉能够要这些不义之财呢？我这无代价地把逃犯归还给卫国。"

这段故事是古人尊重法治的名篇。为政者如果能够遵守法制，赏罚有信，那么这个国家的道德状况、社会风气、都会凸显秩序和正义。所以为政者的言行和决策，是一个国家秩序和信用的源泉，如果为政者有法不依，有令不行，哪怕就是一两件小事，最终也会损害为政者的公信力，导致社会风气，民众道德水平的下滑呀。

【经典原文】

治无小而乱无大。

——《韩非子·内储说上》

【参考译文】

治理政事而不忽略小事，就不会出现大乱子。

20

烤肉上的发丝

事起而有所利，其尸主之；有所害，必反察之。

是以明主之论也，国害则省其利者，臣害则察其反者。

在一些案件侦查过程中，侦查案件者往往会把怀疑的目光锁定在谁能够从这个案件当中获取利益最大的那个人身上，也就是说这个人是最大嫌疑人。其实大到一个国，小到一个机构，乃至家庭，在管理的时候，也适用这个原则，所以韩非子才说了"国害则省其利者，臣害则察其反者"这么一句话。就是说国家、企业、机构，它受害了，那作为管理者，就不妨从反面进行一番考察，来看一看谁在其中得到了好处。那如果说一个机构的成员、员工受害了，作为管理者也不妨冷静下来，从反面来考察一番，看看与他利害相反、立场对立的人，他受害了，谁得利。这样一来，有利于理清这个事情的真相，也有利于洗清一些受冤人身上的冤屈。为此，韩非子讲了一个故事，这故事发生在春秋五霸之一的那位晋文公身上。

说这晋文公有次吃饭的时候，厨师给晋文公端上来烤肉，端到晋文公面前。晋文公这么一看，不对，怎么呢？发现这盘中的烤肉上面有头发缠着呢，这不卫生。就像咱们现在到一些餐馆吃饭，一眼看到咱这盘菜里面有头发，咱也不乐意，赶紧叫服务员："过来，过来，怎么回事，哪个厨师掉里面的？你们饭店卫生不卫生啊？那给我退了，包赔损失。"那道理是一样的，咱都那么愤怒，何况作为一国之君的晋文公？晋文公勃然大怒："把那厨师给我叫来。"

于是，就把给自己做烤肉的厨师给叫来了。晋文公用手点指："你看看，你看，你这烤肉上面怎么有头发？你自己说说是该当何罪？"

这厨师傅一看，"扑通"就跪倒了，"咣咣"先向晋文公磕了两头，然后向晋文公请罪，说："国君，我有罪！"

"你有什么罪？"

"我有三条死罪。"

晋文公一听："这不至于，给我上个烤肉，上面有头发，我能把你杀了吗？你自己说得太重了。但是我听听，你还有三条死罪，哪三条？"

"这第一，我做这肉之前，切肉的刀，我专门用磨刀石磨了再磨，磨得就如同宝剑干将一样，锋芒利刃。我用这快刀切肉，就如同砍瓜切菜一般，但是您看看，我把这肉都切断了，没想到这肉上的头发没给它切断，这是我的第一条罪状。第二条，我给您烤肉，烤肉的时候，我得用木棒把它串起来，结果我串肉片的时候，光串肉片了，我就没看到这肉片上有头发，这是我的第二条罪状。我串起来了得烤啊，我捧到炭火炉中，这炭火烤得这肉都熟了，嘿，居然没把肉上的头发给烧掉，这是我的第三条罪状。"

晋文公一听："你这不是说自己有罪，你这是分明提醒我，这根头发不是之前有的，而是之后加的。如果之前就在肉上的时候，你用刀砍也砍断了，你这串的时候也看见了，放到火里也给烧没了，你什么意思？"

"国君，我想您手下是不是有哪个侍从跟我有过节？这是给我栽赃陷害，望国君明察。"

"说得对，说得有道理，来啊，把侍从都给我叫来。"

晋文公把这些侍从全叫来了，这么一审，果然有一个侍从就跟这个厨师有过节，俩人有矛盾，他想借刀杀人，所以给这厨师栽赃陷害。当这厨师做得的烤肉，他给端上来的过程当中，拔了几根头发就扔在烤肉上了，想让晋文公处罚这位厨师。没想到厨师这个人特别的聪明，三条罪状把这晋文公给点醒了。

"国君，您想想，我要是受处罚了，谁会得到利益呢？那么得利者，就有可能是陷害我的人哪。"这就叫"臣害则察其反者"。

【经典原文】

事起而有所利，其尸主^①之；有所害，必反察之。是以明主之论也，国害则省其利者，臣害则察其反者。

——《韩非子·内储说下》

【字词注释】

① 尸主：主持。"尸"与"主"同义。

【参考译文】

事情发生了，如果有什么好处，一定是那得到好处的人主谋干了这件事；如果有什么害处，一定要从反面去考察它。因此英明的君主进行判断的时候，如果国家受害，就要仔细察看在其中捞到好处的人；如果臣子受害，就要仔细审察与他的利害关系相反的人。

21

郑人买履

夫不适国事而谋先王，皆归取度者也。

　　"不适国事而谋先王"，翻译成我们现在的语言，就可以说是不分析实际情况，而靠自己固有的经验，或者靠一些理论、一些书本知识去行事。从哲学角度，就说是这个人老从主观出发，行为上都是不问具体情况，不从实际出发，主观认识脱离了当时当地的客观事实，这样行事必然会给工作带来损失，甚至会失败。这种情况又有两种，在哲学上都有名称，一个叫教条主义，一个叫经验主义。

　　教条主义主要夸大了书本理论知识，而轻视感性经验，一切都得从本本出发。哎呀，这个事情不能那么做，书上没那么写；这个仗不能这么打，兵法上没那么说。完全相信理论知识，不去理论结合实际，这就叫教条主义。

　　经验主义呢？经验主义反过来夸大了感性经验，轻视科学理论，把局部经验就当成了普遍真理。这件事情要这么办，为什么这么办呢？我上一次这么办就对了，所以这一次也这么办。他也不看看这一次的客观情况是不是跟上次一样，是不是还能够适用于上次的经验，他又直接套用经验，这就叫经验主义。

治理国家也一样。治理一个国家首先要认明白这个国家的实际国情，现在国家处在一个什么样的历史阶段，老百姓生活怎么样，文化、经济、政治各个方面发展怎么样，分析清楚了，对症下药，而不能够硬搬所谓的先王之道。

什么叫先王之道呢？就是过去国家的管理者怎么治国的，我们还那么治国，这就犯了这种教条主义、本本主义了。为了说明这一点，韩非子又给我们提供了一个小故事。

他说当时，郑国有一个人，要到集市上去买双鞋，事先在家里拿着一小竹片，量好了自己脚的尺码。在这小竹片上就画了一杠，从这头到这杠，我的脚就这么长，这个小竹片就成了自己脚的标准尺了。等自己上街市的时候，我带它到那里比人家卖的鞋，用这标准尺一量，这只鞋正好，那我就能穿，一量这只鞋大了小了，我就不能穿，这想得挺好。结果量完把这标准尺放旁边了，等到去集市的时候，他给忘了。来到集市上，到了人家卖鞋的鞋摊上："我买双鞋。"

"好哇，这位客官，你看这些鞋，哪一双适合你的脚？"

"我，呀。"这个郑国人这一摸，坏了，怎么呢？我那标准尺落家了，我忘带尺码了。"哎呀，不好意思，我马上回家去取。"

说完转身他回家了。卖鞋的没听明白，什么叫回家去取，没听明白。等到他回到家里，拿了那个标准尺，再匆匆忙忙返回集市，人家集市早已经散市了。再找那卖鞋的，人走了，收摊了，再要买，明天来吧。

哎呀，这郑国人特别的懊恼："你看看，我这脑袋啊，嗨，我怎能把这么重要的东西给忘了呢？"

这时候旁边有个人，看这位郑国人多时了："哎哟，这位客官，我见你匆匆忙忙一身是汗，在这里张望半天，发生什么事了？"

"嗨，别提了。"是这么这么回事，他把事情给这个人这么一说。

那人一听乐了："我说这位客官，您自己都来到集市上了，都来到鞋摊了，您不会用脚试一试吗？哪双鞋合适，哪双鞋不合适，拿脚一试不就试出来了吗？您干吗还得回去非得拿你这个尺子呀？"

"哼，"郑国人一听，当时把嘴一撇，"你这人讲话真有意思。我告诉你，我宁愿相信我这尺码，我也不相信自己的脚，因为这尺码是标准的。"

这位郑国人，他就不知道我们中国民间有句俗话，叫"鞋合不合适，只有你的脚才清楚"。

【经典原文】

夫不适国事而谋^①先王，皆归取度者也。

——《韩非子·外储说左上》

【字词注释】

① 谋：谋求，图谋。

【参考译文】

不去考虑是否适合自己国家的政事，而只是图谋先王之道，都是些不按照自己的脚买鞋，只知道回家拿尺码的人。

22

赵襄子耳而目之

利之所在民归之，名之所彰士死之。

话说春秋时期，晋国中牟县来了一位县令，此人姓王，叫王登。王登做县令的时候，就向当时晋国的卿大夫赵襄子说："我们中牟县有两位贤士，一个叫中章，一个叫胥己。这两人的品行非常高尚，学识更是渊博，但是明珠埋没于黄土之中，一直没有得到国家任用，您为何不举用他们呢？"

赵襄子一听："哎哟，我不知道还有这样的大贤。快，快把他们召来，我要见他们，而且我要任命他们为中大夫。"

"是。"王登高高兴兴地转身走了。他刚一走，赵襄子身边的家臣，有一个头目看不惯了，就劝赵襄子说："大人，中大夫那可是晋国的重要官职，这个王登所说的什么中章、胥己，说这两位是大贤，到底这两人贤不贤呢，谁知道啊？咱们考察，就算他俩是大贤，但是他俩对国家没有什么功劳，没有功劳就授给他们这么高的官职，这不太好吧？我想您恐怕也只是耳闻他们的名声，并没有亲眼所见他们到底怎么贤能吧。您这样直接提拔，恐怕是不太符合晋国提拔大臣的原意吧。"

赵襄子一听，一摆手："你这话说错了。"怎么呢？"我为什么任命王登作为中牟县令呢？因为我已经用耳朵听，用眼睛看，考察完了王登，所以我认为王登是个可用之才，这才让他去中牟当县令。那王登呢，他在中牟选拔人才，那是他的职责，他选拔出一个人才，我还得跑过去，再用耳朵听，再用眼睛看，那要王登干吗？我这么不信任人家吗？那要是这样的话，你们每个人选拔人才，推荐人才，我都得亲自用耳朵听，用眼睛看，这么去考察，那我得累死。所以我用耳朵听，用眼睛看，能考察你们就行了，其他的要你们去考察，我充分相信你们。"

就这么着，王登在一天之内，让两个人见到了赵襄子，而且被赵襄子任命为中大夫，还给了他们很多的土地、房屋。这下子消息不胫而走，中牟县的人都知道了，很多的人纷纷向这两个贤士学习，一时之间这种学习之风就在中牟县盛行起来了。

【经典原文】

利之所在民归之，名之所彰士死之。

——《韩非子·外储说左上》

【参考译文】

哪里可以得利，民众就趋向哪里；哪些事情可以扬名，士人就连命也不顾都要去做。

23

晋文公攻原得卫

小信成则大信立，故明主积于信。赏罚不信，则禁令不行。

晋文公重耳是春秋五霸之一。有一次，他领兵带队，要去攻打原国，起兵之时，跟大夫们、士卒们约好了："我们这一次起兵，在十天之内，甭管打得赢，打不赢，咱们都收兵。所以，咱们每个人只携带十天的粮食。"

说完之后，吩咐一声："出发。"

于是，大军浩浩荡荡，就直奔原国。结果到了原国，两国交战，打了十天，晋国居然没有攻下原国。晋文公一看，下命令："鸣金收兵，咱是撤兵回国。"

"哎，慢着，慢着。"这个时候有谋士就出来了，"主公，现在不可收兵。"

"因何不可？"

"哎呀，主公，刚才我们抓到一个从原国都城逃出来的人，他给咱们交了底了，说原国三天内就可以把它打下来。"

"何以如此肯定？"

"哎呀，主公，这事很简单，因为原国城内已经没粮草了，粮草绝了，战士们没东西吃了，他们靠什么打呀？所以主公，现在万万不可退，咱们咬着牙坚持三天，原国是唾手可得。现在要是退了，前功尽弃。望主公三思。"

晋文公听完一摆手："甭三思，一思足矣，我们就得撤兵回国。"

"那为什么呀？"

"我在临发兵的时候，已然和众士卒约定好了，约期十天，我也说得明白，这十天甭管打下来打不下来原国，我都撤兵。那么现在十天已过，还没有攻下原国，所以我应该话符前言，离开原国，带兵返国。如果我现在还不离开的话，那就失掉了我的信用了，得到原国固然可喜，但是得到原国而失掉信用，这是一笔赔本的买卖，得不偿失，我是不干的。来呀，立刻撤军。"

也不听这些谋臣们的劝谏了，马上撤兵了，晋国兵这么一撤，原国人听到消息："哎呦，晋国马上就要拿下咱们了，怎么突然间撤兵了？"派人打探打探吧，这么一打探，把撤兵的原因给打探清楚了。原国人一听，人人竖大拇哥称赞："做君主的能够像这晋国君主重耳那样守信用的，真不多，像这样守信的君主，我们怎好不归顺呢？咱还跟晋国打什么劲，打也打不过人家，还不如早日归顺了的好。"

于是，原国就投降了晋文公。这原国一投降，卫国也听说这个消息了，卫国老百姓一听："嘿，这晋国的国君重耳真的是个讲信用的有道明君，干脆，咱们国家也投降了吧。"

于是，卫国也投降了晋文公。后来这件事被孔子知道了，孔子就记录下来，还给了一句评语，说晋文公攻打原国而得到卫国，靠的就是信用。

【经典原文】

小信成则大信立，故明主积于信。赏罚不信，则禁令不行。

——《韩非子·外储说左上》

【参考译文】

小的信用成就了，那么大的信用就能树立起来，所以英明的领导者不断积累在遵守信用方面的声誉。赏罚不守信用，那么禁令就不能实行。

24

子皋与翟璜

以罪受诛，人不怨上，跀危坐子皋。

以功受赏，臣不德君，翟璜操右契而乘轩。

话说孔子在卫国做官的时候，他有一个弟子叫子皋，担任卫国的狱吏，就是掌管刑法的。有一次，子皋行刑砍掉了一个犯人的脚，后来这个犯人就成了看守卫国国都大门的一个看门人了，找了这么一个工作。那再往后，有人在卫国国君面前中伤孔子，说孔子要在卫国图谋作乱，卫君偏听偏信，信以为真，就打算捉拿孔子。孔子一看大事不妙，赶紧跑吧，别在卫国待着了。于是，孔子跑了。

他跑了，弟子们跟着他，也都跑了。那子皋是孔子的弟子，他也得跑，但他跑得稍微晚了点，后面就有追兵了，而且追兵是越来越近，越来越近。等子皋跑到都城城门这个地方时，这追兵几乎都看到他了，想跑基本上不可能了。正这个时候，从门旁边转出来一个人："呦，这不是子皋大人吗？"

子皋一看，脑袋嗡了一下子。怎么呢？跟自己说话的不是旁人，正是被自己砍断双足的那个守门人。就见这个守门人往后面看了看，听了听，似乎明白现在子皋处在危险当中，赶紧跟子皋一打招呼："随我过来。"

他就带着子皋，躲到门边的一个屋子里去了。你别看他没有双足了，但人家没有双足的残疾人，有他自己行走路的方式，垫个板，板下面有四个轱辘，就跟轮椅似的，就带着子皋逃到旁边屋子里了。那后面追兵捉拿子皋的，到这里找了一圈，没找到，问这看门人："看见子皋了没有？"

看门人把脑袋一摇晃："没有，我在这里守了大半夜了，也没看到子皋。是不是你们看错了？他没往这跑。"

"是吗？走走走，往那面追。"

于是，带人又往另外方向去追子皋了。子皋躲过一劫，就在这个屋子里待到半夜。这个时候，看门人进屋了，说："子皋大人，这人已经走完了，现在夜深人静，没人了，我放你出城。"

子皋这个时候，深施一礼："多谢恩公救命之恩。"

"别说这个，随我走吧。"

"不过？"

"怎么呢？"

"哎呀，我有一事不明，还想请教于您。"

"您别客气，有什么话赶紧说。"

"是这样的，你看看，想当年，您犯了罪，落在了我的手里。我不能破坏君王的法令，只得让人把你的双脚砍掉，按说你应该对我怀恨在心。现在我落难了，正是你报仇的好时机，你为什么帮我躲过一劫，又要帮我逃走呢？而我又凭什么得到您的好心帮助呢？"

断脚的看门人释然一笑，道："是，我是被砍掉了双脚，但是我被砍掉脚，这是我罪有应得，谁让我犯法了呢？我就该得这个罪，这是没办法的事。但是，当您当时按刑法给我定罪的时候，您反复推敲法令，在整个案子的审理过程中，你前前后后为我说了不少好话，很想让我免罪，这些我都看在眼里，相当清楚。等到案子和罪行判决了，您发现您过去做的一些努力，上司没有采用，所以您心里十分不高兴，脸色都清楚地表露出来了，我都清楚地看在眼里。那您为什么这么关照我呢？您并不是因为咱们俩有什么私情，来照顾我，才这么做，而是您与生俱来的仁爱之心，本就如此。所以，这就是我心悦诚服，并要报答您的原因。"所以孔子说了，说善于做官的人树立恩德，不会做官的人树立怨仇，所以为官之人，不能够失去公正。

那再说一个故事。战国时期，有一个人叫田子方，田子方从齐国来到魏国，远远地就看到对面行来一辆尊贵的轩车。哎呦，田子方一看，这辆轩车只有魏国的国君魏文侯才有资格乘坐，莫非是魏文侯来了？那赶紧的吧，他把自己的车子挪到路旁。怎么的？要回避呀。结果那辆轩车来到跟前，"吁……"乘车之人把这车子给刹住了。只见车上坐着一个人，给田子方打招呼："闹了半天，是子方先生。"

田子方仔细一看："哎呦，这不是魏国大夫翟璜嘛。您怎么乘这样的车呢？这不是你们国君乘坐的吗？"

翟璜一听，赶忙解释："是这么着，国君计划着要攻打中山国的时候，我向他推荐了一个人才，叫翟角，从而使他的计划得以顺利实施。后来国君要攻打中山的时候，我又向他推荐了一个人才，此人叫乐羊，结果中山国被顺利地攻打下来。得到中山国之后，国君忧虑应该如何去治理，这个时候，我又向他推荐了一个人，这个人叫李克。李克到中山之后，中山得到了大治，因此国君为了奖赏我，就把这辆车赏赐给我了。"

"噢，"田子方一听，把头一点，"这就对了。"翟璜得到的宠爱和他的功劳相比，其实还是薄了一点，他理所应当，应该乘坐如此尊贵的轩车。

【经典原文】

以罪受诛，人不怨上，跀危^①坐^②子皋。以功受赏，臣不德君，翟璜操右契^③而乘轩。

——《韩非子·外储说左下》

【字词注释】

① 跀（yuè）危：指因受刖刑而被砍去脚。跀，通"刖"，古代五刑之一，把脚砍掉。危，应读为"跪"。

② 坐：通"伮"（zuò），平安、保全的意思。

③ 右契：指右券。古代刻木为券，作为凭信，分为左右两半，双方各执其一。

【参考译文】

因为犯罪而受到惩罚，被惩罚的人不会怨恨长官，所以被子皋处以刖刑的人反而保全了子皋；因为立功而受到奖赏，臣下就不会感激君主，所以翟璜拿着右券理所当然地乘着尊贵的轩车。

25

解狐公私分明

私怨不入公门。

话说春秋时期，晋绰公手下有一位大夫解狐。这个人为人耿直倔强，公私分明，晋国卿大夫赵简子跟他就十分要好。这个解狐大夫，有个爱妾叫芝英，这可是个大美女，貌若天仙，如花似玉，深得解狐的喜爱。但是有一次，有人偷偷告诉解狐说："你们家这个小妾芝英和你们家的家臣刑伯柳，这两个人不清不楚，非常暧昧。"

解狐一听，他不相信。为什么呢？因为刑伯柳这个人，为人很是忠厚，不像能做出这种事情的人。但是他还是怀疑，于是就暗中观察，最后还真就在刑伯柳和芝英两人约会的时候，给抓了个现形。哎呀，把解狐给气得："让人把他们两个人给我吊起来狠狠地打！到底怎么回事？"

这么一审问，最后审问清楚了，原来是这芝英爱慕刑伯柳年轻英俊，主动去约会人家刑伯柳的。解狐知道实情之后，怒火中烧，把这两个人暴打一顿之后，双双赶出了解府，爱哪去哪去吧。一晃这件事过去了很久，后来赵简子的领地中，上党郡守的职位空缺了，赵简子跟这解狐是好朋友，就找到解狐说："你帮我推荐一个精明能干、忠诚可靠的上党郡守吧，帮我管理管理我的领地。"

解狐低下头琢磨了一会儿："哎呀，要说精明能干，忠诚可靠，我向你推荐一个人。"

"谁呀？"

"就是我过去的家臣刑伯柳，他比较合适，你让他当上党郡守，一定能够把上党之地治理得井井有条。"

"那好哇，刑伯柳在何地呀？"

"这个，他此时已然不在我的府上，究竟在何地我也不知道，你可以派人去找。"

"好，我立刻去找。"

赵简子立刻就派人找到了刑伯柳，马上就任命刑伯柳为上党郡守。刑伯柳到了上党之地后，果然把上党之地治理得井井有条。赵简子十分满意，有一次，就当面夸奖刑伯柳："你真是一个好郡守，看来解大夫没看错人哪。"

"解大夫？"

"你还不知道，你这个郡守之位，是解狐解大夫推荐的。"

"哎呀，"刑伯柳这才知道实情，"我是解大夫推荐的，这怎

么可能呢？我是他恨之入骨的仇人哪。有那句话叫杀父之仇，夺妻之恨，不共戴天。我把他小妾给夺了，他对我应该是恨之入骨，恨得牙长四尺，他为什么要举荐我呢？难道说他不恨我了，想要主动和我和解？"

"哎呀，刑伯柳啊，刑伯柳，你之前就对不起解大夫，现在解大夫不计前嫌推荐于你，你不能不懂事，得亲自去登门拜谢。"

于是，刑伯柳就到了国都，去拜谢解狐。到了解狐府上，守门的问他："你谁呀？"

"请麻烦通禀一声，就说刑伯柳特地来拜谢解大夫。"

"噢，你等着。"

这门官进去就向解狐禀告了，说："有个叫刑伯柳的前来拜访。"

解狐一听，脸一沉："出去问问他，他来是因为公事，还是因为私事。"

"哎。"

门官又出来了，见到刑伯柳，问："我们大夫问了，说您来是因为公事还是因为私事？"

刑伯柳一听这话，向这府中解狐居住的地方是遥遥作揖："我今天赴府，是专门来请罪来的。刑伯柳早年投靠解大夫，蒙大夫晨昏教诲，就像再生父母一样，可是伯柳做了对不起大夫之事，心中本来就万分惭愧，现在大夫又不计前嫌，秉公举荐，更让伯柳感激涕零，所以今日前来，特为私事拜谢。"

一听这话，你为私事，为私事就说为私事，这一大通啰唆："我给你禀报一声，你等着。"

说着话，门官又进去了。刑伯柳就站在门外，在那等候。但是一等也不见解狐人，二等也看不到大夫影，正在那里疑惑着急呢，咣当一声，府门大开，从府里头"噌"窜出一人来，窜到府外台阶上。刑伯柳抬眼一看，哎呦，谁呀？闹了半天，正是解狐解大夫。就见解大夫手中握着一把弓，已然张弓搭箭，照着刑伯柳"嚓"就是一箭。刑伯柳吓得一扑棱脑袋，"噌"，这支箭擦着刑伯柳的耳朵根就飞过去了，把这耳朵根旁边，三十六根半的汗毛都擦下去了。好悬哪，这要是慢一点，给自己扎个耳朵眼，再慢一点，腮帮子给捅上了，三棱一个尖，那玩意儿捅上，吃饺子都不香了。当时这冷汗下来了，正在这个时候，就发现台阶之上，那解狐嘎吱吱第二次把弓张开了，三棱一个尖的雕翎箭瞄准了刑伯柳。就见解狐脸色铁青，剑眉倒竖，虎目圆翻，那真是咬着后槽牙，一字一顿地说："姓刑的，告诉你，我推荐你，那是为公，因为你的能力能够胜任。可是你我之间有夺妻之恨，不共戴天，还敢上我的家里来？再不走，我射死你。"

刑伯柳这才明白，闹了半天，这解狐对自己仍然是恨之入骨，他推荐自己那是为公，这私下还是有仇的。他赶紧地远施一礼，一转身"噌"逃走了。

【经典原文】

私怨不入公门。

——《韩非子·外储说左下》

【参考译文】

私仇不带进公事之中。

26

栾书从善如流

事至而结智，一听而公会。

公元前 585 年，南方超级大国楚国攻打中原的一个国家郑国。这郑国地处中原，是个四面邻敌的国家，谁打仗都得经过它。郑国小呀，打不过楚国，怎么办呢？只得向楚国的死敌晋国求救。

当时的晋国国君晋景公立刻派大将栾书统兵带队救郑。晋军浩浩荡荡开到郑国，这个时候楚军得到消息了，一看："我的天哪，这晋军也忒多了吧。我们原本带的兵戎是打郑国的，没想打晋国。结果晋军参战，于我们不利，干脆见好就收，撤吧。"于是楚国呀就退兵。楚国一退兵，按说晋军你就回去呗，晋军大将栾书一琢磨："你看看劳师动众的，来一趟好不容易呀，就这么什么都没捞着就回师晋国，总觉得又耗粮食又耗人力的，干脆呀，贼不走空，顺手捞一把吧，捞谁呀，咱打蔡国去吧。"

蔡国怎么招他了呢？蔡国没招他呀，但是蔡国那是楚国的小弟，跟楚国结了盟了，所以打蔡国就等于打楚国呗，于是兵锋一转，是直奔蔡国。蔡国一看："我招你了，你来打我干吗呀？"

蔡国是小国，哪能打得过晋国呀，怎么办呢？赶紧向老大求救吧。老大是谁呀，楚国呀，派使者向楚国求救。楚国都退兵了，本来不想跟晋国打，但是自己小弟来求救了，看到小弟被人家揍的，两眼乌眼青，满头都是包，当老大的要是不站出来给小弟撑腰，未来还有谁给你做小弟呀？所以蔡国既然来求援，自己就不能够袖手旁观，怎么也得表示表示。怎么表示呢？于是楚国就派公子申和公子成，各领自己所辖县的军队，前去援蔡，帮着蔡国跟这晋军干一仗吧。晋军一看，本来楚军已退了，怎么又出现了楚军呢，这怎么回事？派人一打听，才知道是蔡国搬来的援兵。这可把晋军给高兴坏了，这次出师本来就是要打楚军的，结果没打着，这才来打蔡国，楚军现在又来了，太好了，我们非得刀对刀枪对枪干一仗。于是晋国大将赵同、赵括两个人就向主帅栾书请战："我们愿领一支人马前去迎战。"

"好，你们领命去吧。"

栾书同意了，两员大将接过将令，转身刚想走，慢着，从旁边"噔噔噔"站出三个人来。谁呀？三位将领，也是晋国六卿中的三位呀，智庄子、范文子、韩献子。晋国六卿，六大姓，老智家、老范家、老赵家、老韩家、老魏家，还有老中行家，这六卿在晋国就相当于鲁国的三桓，直接可以把控晋国朝局。要么后来三家分晋，哪三家呀？韩、赵、魏呀，这韩、赵、魏就是六卿中的三位，可见六卿他们的分量。这个时候站出来的是智庄子、范文子和韩献子，三个人就对栾书提出意见了，说："楚军既然退而复来，说明人家呀很有准备，咱们要是跟他们打仗，如果打胜了，没什么好光荣的，为什么呢？听说了，楚国这边是公子申和公子成，人家率领自己县的军队过来的。咱们打胜了，也不过是把楚国两个县的军队打胜了，这有啥光彩的。要是打败了，那就完了，奇耻大辱呀，被人家楚国俩县打败了，传扬出去，咱晋国脸面往哪放？不如咱就按照原计划收兵回国得了，反正也没吃亏，也已然把蔡国揍得满脸都是包了，咱回国多好。"

主帅栾书低头仔细琢磨了琢磨，觉得他们三位说得很有道理："好吧，赵同、赵括，两位将军，你们就不必去了，作战命令取消，咱们按照原计划返回晋国。"

晋军当中很多将士一听，都把嘴撇起来了："我说主帅，您要知道，一个人的意见跟大多数人的意见一致了，办事才能够成功。您是主帅，您部下有十一员大将，但现在呀，只有三个人不主张打仗，这个比例这很明显嘛，三比八，想打仗的是多数，您为什么不跟多数人站一起呢？"

栾书说了："什么叫大多数？正确的意见才能代表大多数，智庄子他们仨提出的意见非常有道理，能够代表大多数，我采纳他们的意见是应该的。不必多说了，回师。"于是，栾书率领晋军回国了。

就这么着又过了两年，栾书再次率兵离开晋国，攻打蔡国，把这蔡国给打下来了。本来打算乘胜继续攻打楚国，噌噌噌，智庄子、范文子、韩献子，这仨子又站出来了。

"大元帅呀，我们已经打了一仗了，将士们都已经疲惫不堪了，由于我们先打的蔡国，楚国一定有所准备了，人家在那里以逸待劳，就等着咱们去攻打呢，又是人家的主场，咱的客场，所以打楚国对咱们不利呀。干脆呀，咱甭打楚国了，咱去袭击沈国去吧。"

"嗯，"栾书一琢磨，"你们说的意见很正确呀，走。"没有再去打楚国，而是拐了个弯，把沈国一勺烩了。

栾书作为主帅，能够虚心听从部下的意见和建议，每一次对作战的方针都做了正确的选择，因此避免了很多的失误，取得了胜利。所以人们称赞说栾书能够听取好的建议和正确的意见，可以说是从善如流呀。

【经典原文】

事至而结智，一听而公会。

——《韩非子·八经》

【参考译文】

事情来了就应该集中众人的智慧，一一听取意见后再把大家公开集合起来讨论。

27

李世民虎牢关之战

不以其所疑败其所察，则难也。

大唐武德三年（620），唐高祖李渊让秦王李世民再次挂帅，统兵带队直驱河南，要与中原的一个军阀势力、郑王王世充争夺中原。秦王李世民号称常胜王，攻无不取，战无不克，以步骑五万就夺取了东都西线的主要据点慈涧。王世充的守兵没办法，退回洛阳。周边府县纷纷投降了大唐。紧接着，李世民调兵遣将，筑成了对东都洛阳的包围圈，切断了王世充的粮饷供应，让王世充陷于孤立挨打的境地。

到了当年九月，唐军陆陆续续控制了东都外围的大多数军事据点，洛阳成为一座孤城，在唐军团团包围之下岌岌可危。但你别看这样，洛阳毕竟那叫东都，城坚池深，易守难攻。李世民虽然率军四面围攻，昼夜不停，但是打了八个月，没办法攻克。这时间一拖长了，唐军将士一个个疲敝思归，都打累了，都想回家休息去了。就连那些高级将领，也纷纷向李世民请求："秦王，干脆，咱班师先回去吧。看来这洛阳一时半会打不下来，咱班师先回去休养几日，整顿整顿人马，提高提高士气，然后再卷土重来，定能攻克洛阳。"

请求班师的人太多了，纷纷来劝李世民，但是李世民主意拿定，说了："此次大举而来，当一劳永逸，东方诸州，已望风款服，唯洛阳孤城，势不能久，功在垂成，奈何弃之而去！"就说咱们干吗来了，咱们这一次挺进中原是咱们大唐朝决定性的战役，应该是一劳永逸，一下子就把他们打趴下，夺取中原。现在咱们大唐兵锋正盛，东方诸州已然是望风投降了，你没看吗？洛阳周边这些城池全都降了，现在就剩下洛阳一座孤城了。你别看它今天硬，这不过是短暂现象，它能够硬到什么时候，里面都没有粮了，里无粮草，外无援兵，它能够撑几天？事情最关键的，那就是最后事情要成功的时候，这个时候如果泄气，这就叫功败垂成，这个时候如果再努努劲，那就可以功在垂成。哪能说都看到曙光了，咱们这个时候弃城而去呢？那岂不是前功尽弃了吗？"不要说了，继续攻城。"

你看李世民平常作战有什么事全跟大家商量，但是绝不优柔寡断，认准的事情，认准的真理，他能够坚持，这就是一个出色军事家的胆识。大家一看秦王李世民下决心了，再多说无益，那就接着打吧。接着围攻洛阳，但正在这个时候，一条十分不利的消息传来。河北一带还有一个政治军事势力，就是窦建德的势力。窦建德接到了王世充的求援，率部号称 30 万来救援洛阳，在李世民的背后就打来了，而且一路之上是势如破竹。

武德四年，窦建德二月攻克周桥，三月率众西向以救洛阳，攻陷了荥阳，水陆并进，很快就抵达成皋的东原。窦建德派人送来书信，提出要唐军退至潼关，大家各自回到自己地盘上去，谁也别打谁，咱们和平共处，否则的话，那就不往下说了。否则的话，我在背后打你，王世充在洛阳从里面往外打你，我们是里外夹击，你腹背受敌，有你的好吗？你琢磨琢磨。

面对这种新局势怎么办？李世民召开紧急军事会议，商讨对策。这一开会出现分歧了，像什么萧瑀、屈突通、封德彝，这些人都认为王世充坚城固守，难以攻克。窦建德锋锐气盛，难以抵挡，本来一个王世充就够受的，再加上一窦建德两大军事集团，咱大唐朝可抵不住，不如咱们干脆避其锋芒，退保新安，据险而守，伺机再战。本来很多战士围着洛阳围了八个月，都已经打疲劳了，都不想打了，想回去，只不过李世民一直坚持，现在一看这情况有利于自己了，更是纷纷劝李世民应该退兵，伺机再战。

唯独有一位叫薛收的，官拜记室，他认为："王世充困守东都，缺粮短草，眼看就被咱们给拿下了，如果这个时候退兵了，让王世充和窦建德两伙势力连通了，窦建德把河北的米粟接应东都，东都给充了血了，那以后再想拿东都，就势比登天还难。这么一来，统一大业遥遥无期了。所以这个时候，东都之围不能解，我们应该继续留一部分兵力围困洛阳，咱也不跟洛阳打，就围着它，别让它出来。而另外再派一支精兵，抢先占驻成皋的险要武牢。这武牢就是虎牢关，为了避李世民祖先李虎的名讳，所以改为武牢了。先占据这武牢，在这个地方挡住窦建德。这么一来，王世充的东都自然会不攻自破。"

"啊？"众人一听，把舌头都给吐出来了，"我的天，一个王世充都够受的，咱们围困八个月，这么多兵愣是打不下来。现在你还要分兵去打窦建德，两路分兵，这不是自取灭亡吗？这万万不可，不能如此，咱们应该撤，应该解围，应该走。"

最后大家都把目光落在主帅秦王李世民身上了，看看李世民采取何种主张。李世民比较两种主张，权衡利弊之后，李世民说了："王世充已然粮尽，内外离心，我当不劳攻击，坐收其敝。"咱甭打他，他自己就完了。"窦建德新破孟海公，将骄卒惰，吾当进据武牢，扼其襟要。贼若冒险与我争锋，破之必矣。如其不战，旬日间世充当自溃。若不速进，贼入武牢，诸城新附，必不能守。"什么意思呢？这窦建德在东边，刚把另外一个军事势力孟海公给打败了，打了这一次胜仗，了不得了，手底下那些将领也好，士卒也好，一个个鼻孔朝天，全骄傲起来了，成了翘尾巴喜鹊了，所谓骄兵必败。咱现在就应该按照薛收之策，马上进据武牢，占领了这个虎牢关，把他往西进的要害之处给他卡一下子，他要是敢冒险往西打，我必然能把它击破，骄兵必败嘛。如果他不敢打，跟我耗，也可以呀，反正东都洛阳耗不起，耗几个月，洛阳败了，洛阳一败，我洛阳这边的人马紧接着去武牢，就把这窦建德也给打败了。如果我现在不去遏制住武牢，如果让窦建德进军武牢了，咱这附近这些城池都是刚刚投降的，人心还不稳呢，必然纷纷再次投降窦建德，到那个时候，咱就处于不利地位了。我意已决，不但不撤兵，反而要领兵去迎战窦建德。"

众人一听："秦王好大的胆子呀。"再想劝，李世民不听了，马上亲率精骑 3500 人，急奔武牢，阻挡住了窦建德的西进，于是著名的虎牢之战就发生了。后来果不其然，李世民看准战机，巧施妙计，最终在武牢一带大败窦建德，窦建德也成了俘虏了。东都洛阳王世充一看，窦建德都成俘虏了，我还抵挡什么劲，投降吧，于是举城投降，大唐朝自此是占据中原。

【经典原文】

不以其所疑败其所察，则难也。

——《韩非子·外储说右上》

【参考译文】

不因为那些使自己疑惑的话而败坏自己所明察的事情，这才是困难的啊。

28

秦昭王罚祷者

治强生于法，弱乱生于阿，君明于此，则正赏罚而非仁下也。

爵禄生于功，诛罚生于罪，臣明于此，则尽死力而非忠君也。

君通于不仁，臣通于不忠，则可以王矣。

有人说法家继承了道家的冷酷无情。从某种意义上来说，这种说法有一定道理。道家的老子说了："天地不仁，以万物为刍狗；圣人不仁，以百姓为刍狗。"冷酷吧，冷冰冰的。不像儒家似的，我们要爱人，仁者爱人。那更不像墨家似的，我们要兼爱要博爱，他讲究什么呢？不爱。治理国家就要把这种小爱给摒弃了，把这种小仁小忠全给摒弃了，统治者就要像圣人那样，像老天那样，对待一切都是一碗水端平，都要按照国家法度，在法度的天平上才能够管理好国家，这是法家的世界观。所以韩非子才说："治强生于法，弱乱生于阿，君明于此，则正赏罚而非仁下也。"作为一个统治者，重要的是看看你赏罚分明不分明，公平不公平，而不是动不动，动你那个仁慈之心，动那个妇人之仁。看到老百姓受苦了，过去挤两滴眼泪，那没用，什么才有用？老百姓有功劳了，你赏没赏？有过错了，你罚没罚？你赏得得当不得当？你罚得公平不公平？你只要把这法度执掌公平了，在你这个国家里，所有的百姓、各个层面的官员都能够依法办事，敬重的是国家的法度，而不是对某一个人的私重。这么一来，这个国家自己就强盛了。为了说明这个道理，韩非子给举了一个典故。

说当年有一次秦昭王生重病了，病得挺厉害的。这个消息也不知道谁给走漏出去的，就被老百姓知道了。有一些老百姓主动买来牛买来猪，杀牛宰猪，干吗呢？祭祀神灵，家家为秦昭王祈祷，保佑我家王上早日安康，早日痊愈。这种情景被一个叫公孙述的大臣看到了，给感动坏了，没想到我家王上在民众这里威信这么高，赶紧入官，向秦昭王道贺："恭喜王上，贺喜王上。"

秦昭王躺在床上哼唧半天，怎么？病了嘛。"寡人何喜之有？"

"王上，您这一病，被百姓们知道了，百姓们自发地都在那里杀牛宰猪为您祈祷呢，祈祷您早日康复。臣看到这么多民众对您如此爱戴，这不是您的喜事吗？"

秦昭王闻听，不但没高兴，反倒是把眉毛皱起来了："你说的可是实情？"

"是，是实情。"

"好，我会派人调查的。"

秦昭王马上就派出人去调查去了。回来之后，告诉秦昭王果有此事，秦昭王下令："凡是为我祭祀祈祷的，每人罚他们出两副铠甲。"等于罚款了。为什么呀？大家全纳闷了，你看看，这个老百姓好心好意地为您祈祷，反倒是挨罚，这我们百思不得其解呀，不知道是为什么呀？

秦昭王说了："没有命令，谁让他们擅自为我祈祷的？他们这种祈祷，你以为是爱我吗？表面上看是爱我，其实爱的是我的权势，我要不是秦王，他们还会杀牛宰猪的祭祀祈祷吗？就不会了。这对我是一种私爱，他们这种爱我，如果说我感动了，我反过去再爱他们，怎么爱他们呢？我只有改变法令，这么一来咱秦国的法令还能立起来吗？这法立不起来了，这就是乱国亡身之道。有的时候别觉得你爱我，我爱你，社会就和谐了，社会要想长治久安，那首先社会上所有的人都得在法律的基础上行事，你不要因为我的权势比你高，你就巴结我，就对我满脸笑容。我也不能够因为你是一个拾荒者，是一个下层贫苦老百姓，我就瞧不起你，我所有的好政策，你都享受不到。咱们别玩这个，咱玩的是人人平等。所以呢，我宁可依照法律每人罚他两副铠甲，重新跟他们共同搞好国家的治理呀。"

【经典原文】

治强生于法，弱乱生于阿，君明于此，则正赏罚而非仁下也。

爵禄生于功，诛罚生于罪，臣明于此，则尽死力而非忠君也。

君通于不仁，臣通于不忠，则可以王矣。

——《韩非子·外储说右下》

【参考译文】

国家的安定强大产生于依法办事，国家的衰弱动乱产生于偏袒枉法，君主明白这个道理，就要公正地实行赏罚而不是用仁爱去治理臣下。爵位俸禄来自自己所立的功劳，杀戮惩罚来自自己的罪行，臣子明白这个道理，就会拼命卖力而不是忠于君主。君主明白不用仁爱的道理，臣下明白不用忠心的道理，这样的国家就可以称王了。

29

子产铸刑鼎

道私者乱，道法者治。

公元前 543 年，郑国的郑简公启用了子产当了正卿，执掌郑国大权。郑国当时那是个地处中原、商业比较发达的国家，但是旧贵族的势力比较强大，他们在郑国可以说是横行霸道，滥用刑法，跟谁不对付，就拿国家的法，往人家脑袋上扣，借此来压迫商人和反对他们的人。

就拿子产执政 20 年前来说吧，当时的正卿叫子驷，因为整顿田地疆界，占用了一些贵族家的土地，结果这些贵族就动用自己的家臣作乱，愣是把国家这么大的一个正卿子驷给杀死了。子产任正卿之后，根本没被这些贵族吓倒。他进行了社会改革，下令划清田地疆界，给大家挖好沟渠，你的地就是你的地，人家的地是人家的地，你们两地之间以这沟渠为界，不允许任何一方侵占另外一方。他还承认土地私有，在私田上按田收税，把老百姓

按规定进行编制，这下子就限制了旧贵族了，使他们不能够任意兼并掠夺了。而且子产还规定，如果这农民有战功，可以升官，做甲士，担任一些小官吏，这就打破了过去了对甲士身份的限制。那过去说我当一个甲士，当个战士，我是老百姓行不行？不行。什么叫战士？这都是士阶层的，都得是贵族，老百姓想打个仗，没门。但是子产这些改革措施，遭到了旧贵族的强烈反击，他们编起歌谣来诅咒子产，说："这子产，逼着我们把好衣服、好帽子的藏在家里，还要把我们的田地查来查去，谁要是能够杀掉子产，那我一定踊跃共同而去。"

但是这种带有恐吓性的歌谣传到子产耳朵眼里，子产毫不动摇，"苟利国家生死以，岂因祸福避趋之"。当然了，这句话是后世林则徐所说的话。子产的这个意思就是林则徐这句话的意思，只要对国家有好处，我就算死，也得做到底，我这个改革不能够中途改变，一定坚持下去。子产虽然得罪了一些旧贵族，但他的善政得到郑国老百姓的拥戴。老百姓一看，怎么着？那些旧贵族编歌谣恐吓子产，我们也编，我们要给子产大人打气。于是，郑国又流传了一首歌谣，说："我们有子弟，子产来开导；我们种田地，子产来指导；如果子产死了，还有谁像他那样好，我们就认他。"

这子产在郑国为政几年，得到民众的热烈拥护。子产一看，整个形势成熟了。于是，就在公元前536年，下令用金属铸了一个非常大的宝鼎，把原来刻在竹简上的郑国刑法，一条一条地全铸在这尊鼎上，而且让人把这大鼎安放在郑国宫室门口，让老百姓人人都能看到。这个鼎就是春秋时期著名的刑鼎。这刑鼎一铸成，郑国贵族发毛了："怎么呢？子产，你疯了，你把这刑法全公布了，老百姓不就全知道了吗？老百姓一旦通晓刑法，就可以拿着刑法说事，就不用再怕我们贵族和一些官吏了，对不对？他们看着刑法条文，还看我们脸色吗？这，这分明是不分上下尊卑了，这哪成？这没办法管理百姓了。"

子产闻听，说："这是什么理论啊？我这么做就是为了治国救民。国家颁布的法令，老百姓都不知道，那这法令有什么用？国家的法令一定是全民尽知，人人遵守，无论你是谁，是平民老百姓还是贵族士大夫，都必须依律行事，违犯律例，一律同罪。"

"对，拥护子产大人的行为。"

有拥护的，郑国的商人、奴隶、地主、平民都非常欢迎铭文公布的刑法，他们把这刑鼎看成了保障自己权利的铁券了，这人心更向子产了。子产在郑国执政二十多年，在这段时间里，取得了很大成绩，而且郑国在子产的治理下，虽说地处中原，是在楚国、晋国两个超级大国夹缝当中生存，但是游刃于诸侯列国之间，不卑不亢，外交方面也取得了出色的成果。内部国家安定，生产发展，老百姓得到不少好处。后来子产死的时候，郑国人如丧考妣，万人空巷，为他送葬，在子产众多粉丝当中，有一位最著名的那就是孔子孔仲尼。他称赞子产是"古之遗爱"。

【经典原文】

道私者乱，道法者治。

——《韩非子·诡使》

【参考译文】

本着私利来治国，国家就混乱；依靠法制来治国，国家就安定。

30

守株待兔

是以圣人不期修古，不法常可，论世之事，因为之备。

　　所谓人间正道是沧桑，世间任何的事物都在变化，唯有变化是不变的，所以改造自然也好，治理国家也好，那都得根据当前的实际情况、自然情况、社会情况、文化情况、经济情况，等等，等等。目前客观的实际情况是什么？先给分析好了，分析透了，然后根据这种实际情况再制定相应的措施。否则的话，因循守旧，墨守成规，故步自封，老祖宗的法律不能变，要是持这种观点，这个社会是不能够进步的，不但不能够进步，反倒是会闹出守株待兔的笑话。

　　守株待兔，这个故事发生在宋国，为什么很多笑话全发生在宋国呢？这是有它的历史渊源的。宋国的国姓姓什么呢？姓子，它是殷商的后代，周武王灭掉商纣，周朝革命就把这商朝给灭了。那商纣王的儿孙们，都迁到了宋国这一块。封给你们一块地，就是宋国，你们在这里安居吧。所以宋国是商王朝的遗老遗少居住的地方，肯定就带着商王朝那种遗老遗少的作风，相对其他新兴国家，就显得形式比较迂腐。再加上商王朝本来就是一个非常迷信的王朝，所以宋国就比较迂腐，宋国人就比较认死理，这是文化传统所造成的。要不宋国会出现一个假仁假义的宋襄公，其实也不是假仁假义，宋国人就那么一个思维，就比较迂腐。因此这么一来，宋国就成为其他诸侯国经常开涮、调侃的对象，常见的一些寓言故事里面，那些傻乎乎的人都是宋国人。

今天我们讲的守株待兔的人也是宋国人，是位宋国农夫，农夫嘛，就天天在田里耕作刨地。在他的田间有那么一个树桩子，这天这个宋国人正在田里耕作呢，突然间从旁边树林里窜出来一只兔子。也不知道什么东西在追这只兔子，这只兔子可能给追得晕头转向了，迷了吧唧的了，"嗖"的窜出来，没辨清方向，一脑袋"哐"正撞在这树桩子上，当时撞了个头破血流，颈椎咔嚓粉碎性骨折，当时死了。

"哎呦，"宋国农夫一看，"这太好了，我今天在田间耕作，没想到白捡了一只兔子，回去能够炖着吃了。"高高兴兴地拎着兔子回家了，扒了皮，把肉煮了，呵，全家人美美地吃了一顿兔肉。打这开始，这宋国人不干活了，怎么呢？天天跑自己田地里，往树桩旁边这么一蹲。有人说："你干吗呢？天天蹲这儿？"

"我呀，在这里守着，上一次就从这树林里窜出一只兔子，撞到树桩上给撞死了，我白捡一只兔子。我呀不干活了，就在这里守着这个树桩子，等待下一只撞在树桩上的兔子。"这就叫守株待兔，他还能等来兔子吗？我看悬。哪有那么巧，兔子老往树桩上撞？于是，他就成为宋国的笑话了。所以治理国家要因势利导，根据现在的情况来采取相应的措施，治理当代的民众，如果还是用过去的那些政治、那些方略来治理当代的民众，那就如同守株待兔的那宋国人一样愚昧可笑了。

是以圣人不期修古，不法常可，论世之事，因为之备。

——《韩非子·五蠹》

因此圣人不指望学习照搬古代的一套，不墨守成规，而是考察研究当今社会的情况，从而制定相应的措施。

31

名医治寒热证

以肉去蚁，蚁愈多；以鱼驱蝇，蝇愈至。

话说在清代，有一个人叫毛介堂，这年的暑天突然得病了，大汗不止，浑身冒汗，但是肢冷脉微，四肢发凉，面赤气短，脸发红，喘不过气来，卧病在床，十分危险。家人一看，赶紧请郎中吧。请来很多大夫，过来一诊脉，一看这个情况，甭问啊，酷暑之天，大汗不止，这是热证，热则凉之，这得用凉药治，于是，这些大夫给这个病人，就开出一些寒凉之药。结果病人服下，不但是病情没有好转，反倒是更加严重，这汗出得更多了，四肢更凉了。"呀，"家人一看吓坏了，说，"你们这些郎中，怎么给治的呀？怎么越治越厉害。"

这些大夫也摊手了，怎么呢？"我们治疗方法没错，怎么这个病人这么奇特？哎呀，这个病我等治不了了，您另请高明吧。"

这些医生稀里哗啦全走了，这病人家属可着急了，怎么办呢？有人说赶紧的去请名医。附近有名医，清朝大医家徐大椿，字灵胎，徐灵胎那还了得？赶紧把徐灵胎给请来了。

徐灵胎过来一诊脉，说："之前他服的什么药？"家人把药方拿过来，徐灵胎一看，说："正好相反，这个病人不是热证，这是寒证。寒则热之，他得的寒证应该用温热之药给他诊疗，你们怎么反倒开寒凉之药？这不如同给没衣服的人，当头又浇了一桶冰水嘛。他这病情能不加重吗？赶紧地，按我的药方赶紧去抓药，给他服下，否则他的阳气一衰，这人就完了，赶紧地。"

病人家属拿过来药方一看，面有难色了。怎么的？"你看看，那一堆郎中，都诊断为热证，要用寒凉之药治疗。徐灵胎非得说是寒证，要用温热之药治疗。这到底该听哪位医生的话？你别忘了，毕竟现在是夏天，酷暑三伏天，而且这病人浑身大汗，这明明是热证，怎么会是寒证呢？万一是热证，再服下徐灵胎的温热之药，这不就如同火上浇油了嘛。这，这，这，不敢决断哪。"

"哎呀，"徐灵胎当时一跺脚，"你们怎么连我都不相信了，我哪有不自信，拿着病人做尝试的道理？这么着，我今天把话撂这里，如果病人服下我的药出现任何问题，我愿意以死偿命。他要是被我治死了，我也不活了，给他偿命还不行吗？"

"好，好，好。"

这家属一琢磨，徐灵胎毕竟是名医，之前既然按照那些医生，当热证来治，给我家属吃了寒凉之药，没有见效果，那不如就试一试徐灵胎的温热之药，看一看怎么样。结果呢，按照方子把这药抓过来，熬得了，给病人灌下这副大热之药，一剂药下去，病人汗止住了，冰冷的身体开始变温暖了，气息和缓了，原来浑身打哆嗦，不能够入睡，现在安安稳稳睡着了。紧接着这徐灵胎又调节药方，随这个人病情发展，加减药方中的药，不到十天，病人痊愈了，好了。

哎呀，很多人就觉得神了呀。"哎呀，徐先生，这，这人明明浑身大汗，面红耳赤，又是炎热的夏天，这不是热证吗？您怎么觉得这是寒证啊？"

"哎呀，"徐灵胎说了："辨证治疗，你得抓着症状里的主要矛盾。这个人虽然是浑身大汗，面色赤红，但是四肢发冷，这就说明这个人是寒热并杂，真寒假热，是这么一个病症。所以我给他开的是参附汤这样的热性药物进行治疗，这是从虚实角度上来说的，从补虚角度上来讲也能讲得通，因为这个人浑身大汗不止，产生亡阳这种阳虚病症，也需要用参附汤这样的补虚药物进行救治。"

但是，徐灵胎非常慎重进行了总结："如果病人不是有肢冷这样的寒证症状，那么如果仅仅出现大汗不止，面色赤红，那这个病人仍然是热证。如果那个时候再用我这样的药，用这样的热性药物服下，病人就危险了。"

无独有偶，在清朝另外一个大医家身上，也发生过类似的一个病案。说有一位姓石的病人，在这个夏天得病了，广寻名医，吃了很多药，但是病情每天都在恶化，已将近一个多月了，现在已然卧床不起了。这个时候没办法，家人去请名医吧，就请了清朝大医王孟英。

王孟英过来这么一看，这病人得的病不复杂，这是暑热之病，应该用寒凉的白虎汤服下，马上就可治愈，怎么耽误这么久啊？

"什么什么？"他一说要给这个姓石的病人开寒凉的白虎汤，这个病人的父亲就给拦住了，"哎呀，我说王先生，你要看明白，我儿子有个症状，就是大便溏泻，大便溏泻这可属于医书上所说的寒证，你再给他用白虎汤这样的寒凉之药，我儿子受得了受不了？"

王孟英说："看病要对症下药，根据你这个儿子病情辨证，这个病就用这个药最为稳妥，放心服用吧。"

两个人这么一对话，躺在床上的这姓石的病人听到了："我能不能看看方子？"

"可以呀。"

王孟英把这方子递给这患者了。患者拿方子一看："哎呀，我说先生，我父亲说的一点不假。我不仅大便溏泻，而且觉得胸中有一团冷气，就喝点汤水，恨不能得煮得滚开才能喝下，这样的寒凉之药，我哪能喝？我喝了还不得寒死？我不行，我不能服。"这病人坚决不服用。

古代之人大多都懂一些中医。因为大家读四书五经的时候，都要读《易经》，《易经》是中医的一个基础，所以古人如果科举考不上，有两个道路可以走，一个学医没问题，另外一个学易，当个算卦先生，这都不用培训，原来读的书都可以用上。所以古人只要是读书的，大多都懂一些中医，但也就是他们懂一点，那就叫一知半解，反倒是看到这个方子，他不敢服用了。最后家人把王孟英请走了："我们另请高明，您先回吧。"王孟英摇头叹息，没办法，走了。

这家人赶紧地再求天下名医，请了很多大夫，大家一起会诊讨论，看看王孟英这个方子能不能服用。一讨论，其中有个医生就说了："这谁开的方？"

"王孟英开的方。"

"王孟英开的方，你们还怀疑干吗呀？王孟英是什么人哪？那是一个古道热肠之人，你们应该充分给予信赖。如果你们连王孟英都不相信，找我们这些当医生的，我们照人家差得远，没有更好的方法了。"

这位一说话，其他医生也表示赞同。最后这家一看，实在没辙了，干脆死马当活马医，硬着头皮就把王孟英开的以白虎汤为基础的这个方子，抓了喝下去了。结果喝下去一剂，病人这咽喉立刻畅通了，三服药喝下去，各种病症全都消失，这热证还得用凉药治，你拿热药治热证，这不正是韩非子所说的"以肉去蚁，蚁愈多；以鱼驱蝇，蝇愈至"嘛。

【经典原文】

以肉去蚁，蚁愈多；以鱼驱蝇，蝇愈至。

——《韩非子·外储说左下》

【参考译文】

用肉去驱逐蚂蚁，蚂蚁会更多；用鱼去驱赶苍蝇，苍蝇越要来。

32

招客择人

不吹毛而求小疵，不洗垢而察难知。

女皇武则天崇信佛教，所以她当政的时候，下达了一个禁止屠宰的命令。因为佛教讲究众生平等，提倡人们别杀生，所以武则天当政之后，她是皇帝，有这个权力，就下达了命令，禁止屠宰，不允许大家吃肉，全给我吃素。这吃一两天素行，时间长了大家馋啊，哪能不吃肉呢？有很多人都忍不住了，反正是上有政策，咱下有对策，咱们偷偷地吃得了，不让皇帝知道不就得了嘛。

有这种想法的大臣不止一位，御史娄师德就是其中之一。他就忍不住了，这几天不吃肉，没着没落的，弄得他家的厨师傅都于心不忍。于是，这天厨师就给娄师德上了一道肉菜，端上去了，是羊肉。娄师德一看是羊肉："怎么回事，不是，这，皇上可有命令，不许宰杀生灵，你这羊肉怎么回事？"

厨师一乐："您放心吃，这羊肉不是宰杀的。"

"它不是宰杀的，它怎么死的？"

"它是被狼给咬死的。狼咬死没拖走，人发现了，把狼打跑了，把这只羊就给抢回来了。已然死了，是不是？你不吃就浪费了，所以拿到市场上卖，我给买来了，给您做着吃。"

"这行，既然是狼咬死的，这就没违抗咱们陛下下的禁止屠宰令，那我就吃了。"

"您放心吃。"

娄师德美美地把这一盘羊肉都给吃了。过一会儿，厨师傅又上来一条鱼，"哎，"娄师德一看，"怎么，怎么上来鱼了？这鱼怎么回事，怎么死的？"

"这鱼也是被狼给咬死的，不是杀的，是狼咬死的。"

"呸。"娄师德用手点指厨师傅："你说谎都不会说，狼会潜水吗？狼跑河里把鱼咬死了，记住喽，这鱼不是狼咬死的，这明明是被水獭咬死的嘛。"

"对，对，对，大人，您说太对了，这鱼是被水獭咬死的，所以您放心吃。"娄师德又把这条鱼给吃了。

这事后来传到武则天耳朵眼里，武则天微微一笑，没怪罪，怎么呢？武则天也知道，下达这个屠宰令有点不近人情，时间长了，也觉得自己下达的这个命令有一些唐突了，不应该让大家都这么做。但是已然下达了，说收回来吧，自己是皇上金口玉言，刚下达命令哪能收？所以对于下面臣子怎么执行，执行的严格不严格，这不是什么根本大法，无所谓，武则天听到之后，一笑了之。

那正在这个时候，有大臣张德家生了男孩，这个男孩过满月的时候，张德就请了不少朝中同僚："犬子满月，要办洗儿会，请大家都到我家做客，好好乐呵乐呵。"

于是，很多当官的全去了，那不能说人家都来了，让人家吃素吧，这不是待客之道。怎么办呢？这张德就偷偷宰了一只羊，来招待大家伙，大家伙心知肚明，谁也不道破，吃呗。吃一通喝一通，特别的高兴。没想到，这里头出来一个小人，有一个叫杜肃的官员一看："呀嗬，张德你敢杀羊请我们吃？这下好了，皇上下达禁止屠宰令，你是当众违抗，这叫欺君之罪，我告密去，我给皇上通风报信，非得把你扳倒了，皇上肯定觉得我告密有功，不得给我加官晋爵吗？"

于是，杜肃就偷偷藏了一块羊肉。古人的袖子也大，藏袖子里头谁也看不出来，后来告辞走了。别人都回家了，杜肃没回家，直奔皇宫，向武则天告了密了。武则天闻听点点头："我知道了，你回去吧。"

"是，是，皇上，您一定明察。"

"回去吧。"

"哎。"这杜肃心说话，得了，明天张德，你肯定倒霉，明天我肯定升官，他高高兴兴回家了。

转过天来，等到第二天上朝，武则天端坐在龙书案后，看了看文武百官："张德何在？"

张德一听，叫我呢："臣在。"赶紧出班跪倒。

武则天说："我严禁屠宰，下达了禁止屠宰令，你可知晓？"

"知道。"

"那你看看，这是什么？"

说完，武则天让宦官托着那块羊肉送到张德面前。张德一看，是一块肉："这是？"

"这是昨天，你在家办满月酒，宴请大家所用的羊肉。"

哎呀，张德一听，脑袋嗡的一声，心说话，谁给我告密了，这下坏了，皇上武则天这个女人不简单，翻脸无情："陛下饶命。"赶紧地伏地谢罪。

武则天一摆手："不要害怕，这件事是昨天你请客当中，这杜肃告诉我的。今天我觉得我有必要当众说一下，朕公布严禁屠宰的命令，到现在连朕都不知道是吉是凶。但是张德啊张德，你一定以此事引以为戒，以后你再请客，你睁大眼睛，不是说所有的人都是你的朋友，这客人有君子有小人，像那君子，你就好好招待人家，像有些小人，你就别往家请了。"

武则天这句话一说出来，整个朝堂的大臣们哄堂大笑，并且向杜肃投来了鄙夷的眼神。杜肃当时脸"噌"一下子通红，恨不能找个地缝钻进去。

所以毛泽东曾经评价过武则天，说武则天这个人了不得，有容人之量，识人之智，用人之术。

【经典原文】

不吹毛而求小疵^①，不洗垢而察难知^②。

——《韩非子·大体》

【字词注释】

① 吹毛而求小疵：把皮上的毛吹开而去细找小毛病，比喻故意
  挑剔缺点。

② 洗垢而察难知：洗去表面的污垢而去观察内部不易了解到的
  东西，比喻深入地去了解深奥隐微的事理，近于现在所说的
  "打破砂锅问到底"。

【参考译文】

不要吹开皮上的毛发去寻找细小的毛病，不要洗掉污垢去细察难
以知晓的毛病。

33

卫青的故事

宰相必起于州部，猛将必发于卒伍。

　　在汉朝的汉武帝时期，有一位抗击匈奴的名将，此人叫卫青，是汉武帝时期的大司马、大将军，爵封长平侯，为汉朝北部疆域的开拓，做出了重大贡献。

　　你别看他后来是一位大将军，但出身并不好，可以说卫青的经历是从奴隶到将军这句话的现实版。卫青的母亲叫卫媪，跟她丈夫生了一男三女，长子叫卫长子，长女卫孺，次女卫少儿，三女卫子夫。那位说哪位是卫青，没卫青。后来卫媪到平阳侯家中做事，平阳侯家中有一个县吏叫郑季的，两个人眉来眼去，暗地私通，生下一个孩子，这就是卫青，也就说卫青是个私生子。你想想在那个年代，私生子被人瞧不起，生下来之后，就被送到亲生父亲郑季家了。他是个私生子，到郑季家中也是备受冷眼，谁能看得起他呀，郑季老婆能把他当儿子吗？郑季的儿子

能把他当兄弟吗？就把这卫青当成奴仆、畜生似的虐待他，让这卫青去放羊去，不给吃，不给喝。可以说卫青小的时候，受尽了冷眼和虐待。年岁稍大一点，卫青不愿意再受郑家的奴役了。于是，就回到了母亲身边。他母亲在平阳侯家中，所以就来到平阳侯府，成为平阳公主的骑奴，也就是说，他成了平阳公主手底下的一名奴隶了。

转机很快就出现了。建元二年（公元前139）春，卫青的三姐卫子夫被来平阳府做客的汉武帝给看中了，汉武帝一看这卫子夫长得太漂亮了，带到宫里去吧。于是，把卫子夫带进宫中了，结果后来卫子夫有了身孕，这在后宫就引起了汉武帝的皇后，那陈阿娇的嫉妒。怎么打击报复这卫子夫呢？她就联合她的母亲馆陶公主，派人将捉拿了卫青，差一点把卫青给杀了，后来是被人听到消息后，把这卫青给救了，禀报给了汉武帝。汉武帝闻讯是大为愤怒，立刻就任命卫青为建章监、侍中，封卫子夫为夫人，怎么着？你们越看不上卫子夫姐弟，朕越要重用他们。汉武帝那性格多拧啊，就把卫青提拔上来。后来，卫青就跟随汉武帝左右，跟汉武帝一起听闻朝政，后来又任太中大夫，深得汉武帝信任。

到了元光六年（公元前129），北方匈奴兴兵南下，直指上谷，就是现在的河北省怀来县。汉武帝大怒，钦命卫青为车骑将军，率领一万骑兵，迎击匈奴。不但是卫青，汉武帝分派四路出击，让车骑将军卫青出上谷，骑将军公孙敖从代郡，轻车将军公孙贺从云中，骁骑将军李广从雁门出兵，兵分四路，四路将领各率一万骑兵去寻找战机，迎战匈奴。结果四路一出兵，两路打了败仗，一路是无功而返，只有卫青果敢冷静，率领一万骑兵深入险境，直捣匈奴祭天圣地龙城，俘虏了七百人，取得了大胜凯旋。汉武帝大喜，封卫青为关内侯。这龙城之战了不得，那是自汉初以来对战匈奴的首次胜利，为以后汉朝进一步反击打下了良好的人心基础。

卫青就这样由奴役成为将军。他善于以战养战，用兵敢于深入，奇正兼擅，为将号令严明，和士卒同甘共苦，威信很高，位极人臣但从不仰视，成为中国历史上有名的战将之一。

【经典原文】

宰相必起^①于州部，猛将必发^②于卒伍。

——《韩非子·显学》

【字词注释】

① 起：产生。

② 发：出。

【参考译文】

宰相一定是从州部那样的基层衙署中提拔上来的，勇猛的将军一定是从士兵队伍中选拔出来的。

34

状元与乞丐

夫严家无悍虏，而慈母有败子。

北宋大政治家司马光，在他的《家范》里，写过这么一段话，叫："为人母者，不患不慈，患于知爱而不知教也。古人有言曰：'慈母败子。'爱而不教，使沦于不肖，陷于大恶，入于刑辟，归于乱亡。非他人败之也，母败之也。自古及今，若是者多矣，不可悉数。"

什么意思呢？司马光就说了，一个做母亲的，别担心对孩子不慈爱，担心的是懂得慈爱却不懂得教育。古人曾经说过"慈母多败子"。如果一个母亲，对儿女慈爱，但是对儿女却不教育，使子女变得不成才，乃至堕落成不肖之人，成大坏蛋了，遭受刑罚，走向灭亡，如果得到这么一个结果，那这可不是别人使这个孩子失败的，而是他的母亲让这孩子失败的。

从古至今，像这样的事情太多了，根本没办法一一细说。这句话对我们当代仍然有很大的现实意义，尤其是做父母的，一定要拿这句话作为格言，对孩子千万别溺爱，溺爱孩子就是害了孩子。

有那么一个故事，说有两家人，彼此非常要好。于是，这两家的男主人就结拜成仁兄弟了，古人都兴这个。那后来两家各得了一个儿子，还是同年同月同日生的，你看这不是缘分嘛，所以两家都非常高兴，于是，就请来一个算命先生，给这两个孩子算一卦，看看这两个孩子未来命运如何。

这算命先生掐巴了半天，一指其中一个孩子，说："这个孩子命主大贵，未来必定能够金榜得中，乃是个状元命。"又一指另外一个孩子："这个孩子命太贱了，这是个乞丐命，以后你们家败家就指着他了，这是命中注定。"

哎呦，这一算，这被算是状元命的孩子，他母亲特别高兴："你看我儿子状元命，富贵之人，那从小我就得不能让我儿子受到任何的苦累。"

于是，就对孩子是格外溺爱，可以说是衣来伸手，饭来张口，把这孩子就供成家里的小皇帝了，要星星不给月亮，劳动什么呀？别劳动，我宝贝那未来是状元命，金贵命，哪能跟你们这些泥腿子似的，挽起袖口去干活，不行。呦，今天这外面风大了，孩子不能出去，万一吹感冒怎么办呢？呀，今天怎么又跟那邻居家孩子玩了，他是乞丐命，未来要饭的，你是状元命，未来当官的，以后不准你和他们一起玩耍。好家伙，就把这孩子当成温室的花朵了，这个溺爱劲就甭提了。

那再说被算成乞丐命的那孩子，他母亲一琢磨，我这孩子多倒霉，没想到生下来，未来是个乞丐，如果这是命中注定，那也没办法，我不能让他未来当了乞丐受苦。为了让他未来当乞丐不受苦，这母亲就开始严厉教导孩子，教给他待人从事的方法，为人处事的哲学，让他养成了吃苦耐劳的习惯，把孩子的性格培养得非常坚强，就跟户外的野草似的，风吹不倒，火烧不尽，即便是未来当了乞丐，在那种环境下，你仍然可以幸福生存。

　　就这么着，两个孩子在两位母亲不同的教育之下，可就成长起来了。那个被算成状元命的孩子，从小娇生惯养，非常任性，生活当中稍微一不满意，他就发脾气，摔盆子砸碗，一不顺心了，动不动"啪啪"敢给他娘俩耳光，他娘还高兴呢："呦，我儿子脾气大，以后当官就得大脾气，这样才镇得住手下，打得好，打得好。"这不贱骨头嘛。结果这个孩子读书也不好好读了，他娘都敢打，这先生更教不了，上学不好好上，整天带着一群随从，横行乡里，欺男霸女，成为一个花花公子了。可是那个被算成乞丐命的，由于他母亲对他严格要求，从小吃苦耐劳，刻苦读书，学富五车。

　　到了二十多岁的时候，这个被算成状元命的，把他爹气死了，把他娘也耗死了，天天花天酒地，没用几年把家败光了，他没钱了，流落街市，他当了乞丐了；而那个被算成乞丐命的孩子，由于自己奋发努力，进京科举，结果金榜高中，被皇上钦点状元，两个人的人生翻个了。

【经典原文】

夫严家无悍虏，而慈母有败子。

——《韩非子·显学》

【参考译文】

在管教严厉的家庭中没有强横凶狠的奴仆，而在慈母的溺爱下反而会出败家子。

35

张咏察奸

不明察，不能烛私。

宋代名臣张咏在担任益州知州时，有一次路过一街坊，正往前走呢，突然间听到街坊里头传来了阵阵哭声，是一个女子在哭。

张咏坐在轿子里这么一听，吩咐一声："落轿。"抬轿的把轿落下来了。张咏挑开轿帘，侧耳倾听，仔细地品味了一下这哭声，越听越不对，因为从哭声里面听出来了，这个女子在哭天呢。什么叫在哭天呢？就是说她死了丈夫，古代的女子死了丈夫，那就得哭天，这个天字就是夫字去了头，丈夫没头了，家里的擎天柱倒了，可不得哭天嘛。

"我的天啊。"就这么一个劲儿，但是张咏仔细地品味了一番，这个声音惧而不哀，里面带有十分的恐惧，但是没有哀痛。她还是哭的丈夫，这个哭声不对。"马上派人去察看一下，到底谁在哭丧。"

"是。"有衙役赶紧去调查了，调查一番回来禀报。

"有个妇女，她丈夫突然暴毙，得暴病死了，正在哭丧。"

张咏说："不对，把这个妇女带到官府，我要审讯。另外请仵作去检验她丈夫的尸体。"仵作就是古代的法医。张咏就把这个妇女传唤到了官府，这么一审讯，妇女从容不迫，就说丈夫是突然暴毙。张咏这边问不出头绪来，那就等待仵作，看看能不能发现证据。

仵作回来禀报说："整具尸体已然检验过了，看不出任何的异样。"你看无凭无据，你不能说仅凭我听了你的哭声，惧而不哀，我就把你抓来，怀疑你丈夫死和你有关系，这不瞎怀疑嘛。张咏只得先把这个妇女先放回去，然后张咏显得有些垂头丧气，觉得自己断这多年案，凭着经验，这一次居然没有查出蛛丝马迹，难道说我真的错了吗？他望了一眼仵作，摆了摆手，那意思你辛苦了，下去休息去吧。仵作一看张大人如此垂头丧气，他自己也挺沮丧的，他心说话："如果说今天我检验尸体，能够发现一些端倪，那该多好啊。可惜呀，我仔仔细细查了一遍，既没有外伤，又没有中毒现象，那这不是暴病而亡，是什么呢？"

"唉。"他多想替大人分忧，但是无可奈何，他也垂头丧气回到家中，往那儿一坐，唉声叹气。他的妻子发现了，这平常回到家里都挺高兴的，今天怎么了？"工作不顺啊，是这么这么回事。"这仵作就把今天发生的事情给妻子讲述一遍，"你看，要是

我真能在尸体上验出一点蛛丝马迹，也替张大人分点忧不是？现在看到张大人如此的沮丧，我这心里头也不是滋味。"

仵作妻子闻听此言，眼珠转了转："相公，我看呀，你明天再去检验一番。"

"我今天把尸体全都查了一遍，没发现任何毛病。如果明天再去检验，再发现不出毛病来，人家死者家属肯定不干，就会给张大人带来被动。"

"不，你明天再去检验的时候，仔细检查一下死者的发髻，尤其死者头顶这百会穴这个地方，你仔细察看一番。弄不巧，就会找到证据。"

"你的意思是？"

"您去看看就知道了。"

"哎哎，好，好。"这仵作当时眼前一亮，到了第二天，果然听从老婆的话，过去再次进行尸检。首先就查这死者的发髻，古人都是长发呀，这长发有一个发髻，拿着布包着，或者拿着簪子给卡着。昨天查尸体的时候，没把这发髻打开，谁能够想到这头发里头有毛病呢？今天仔细地把头发给分散下来，用手扒开头发看头皮。不看则已，这么一看，就发现在死者百会穴这个地方，头正中央，钉着一根大铁钉子。这根钉子就露出了钉帽，整根钉子钉在了死者的脑袋里呀。当时用榔头"当"往里一钉，这死者当时毙命，血也没流出来，过去又没有什么 X 光机，这上哪儿找去呀。

仵作一看，赶紧地就向张咏报告了："大人哪，您果然神了，您从这个声音里头就判断这事情里面有问题，果然查出一件谋害亲夫的谋杀案。这个女的，这心肠多歹毒，在她丈夫头顶钉进去一根铁钉，把她丈夫这么给杀死了。"

张咏闻听，也非常高兴，对仵作表扬一番："你真能干，居然这一点都被你查出来了。"

"也不是我查出来的，其实是昨天晚上我回家，给我老婆谈到此案，我老婆能干，她告诉我，让我今天再次复查尸体，尤其是仔细地检查死者发髻。这样一来，我才发现了这根铁钉，要不是我老婆呀，我根本就发现不了。"

"是吗？看来尊夫人真乃女中豪杰呀。来呀。"张咏赏赐了仵作妻子一笔奖励，这仵作千恩万谢回去了。等仵作一离开，张咏一摆手，招来了一名差役，吩咐这个差役："去，暗地里，给我调查这个仵作的妻子，把她原来的情况给我弄清楚，报予我知。"

"是。"这差役就出去调查了。几天后，差役告诉张咏说，仵作妻子是改嫁给仵作的，仵作是她的第二任丈夫。仵作妻子的头任丈夫也就是前夫，早在几年前暴病而亡，当时也报了官了，官府也派仵作察看了，验尸没发现什么毛病，就以暴病入了殓，下了葬了。后来丧期已满，她才又嫁给现在的仵作。

张咏闻听点点头："这就对了。来呀，拘审这位仵作的妻子，另外给我找到她前夫的坟墓，开棺验尸。"结果开棺这么一验尸，在早已经变成骷髅的脑袋顶上，找到了一根铁钉。仵作的妻子被拘审后，见人证物证俱全，只得承认三年前她正是用同样的方法谋杀了前夫的。

张咏说："这就对了，如果你不知道如此诡妙的方法，又怎能帮你现任丈夫判断出此铁钉呢？"

【经典原文】

不明察，不能烛私

——《韩非子·孤愤》

【参考译文】

如果不能明察秋毫，就不能洞察营私舞弊的阴谋诡计。

《韩非子》名句